Dedicado a:

Por:

Fecha:

LA LIBERACIÓN
EL PAN DE LOS HIJOS

Guillermo Maldonado

Nuestra Visión

Alimentar espiritualmente al pueblo de Dios por medio de enseñanzas, libros y predicaciones; así como, expandir la palabra de Dios a todos los confines de la tierra.

La Liberación, el Pan de los Hijos

Primera Edición 2004

ISBN: 1-59272-086-2

Portada diseñada por:
GM International – Departamento de Diseño

Categoría:
Liberación

Publicado por:
GM International
14291 SW 142 St., Miami, FL 33186
Tel: (305) 233-3325 - Fax: (305) 233-3328

Impreso por:
GM International, EUA

Impreso en Colombia

Dedicatoria

En primer lugar, dedico este libro a mi Padre celestial, quien me ha permitido entrar en la revelación de esta parte de su ministerio, el cual es la liberación: el pan de los hijos. Y a mi esposa, Ana Maldonado, quien ha sido mi ayuda idónea desde que el Señor me unió a ella, para cumplir el propósito de Dios en nuestras vidas, y también, desarrollar este ministerio en nuestra iglesia.

Agradecimiento

Agradezco a todos aquellos que han puesto sus manos en el arado; pues, los considero una parte esencial en el establecimiento y desarrollo del ministerio de la liberación en el cuerpo de Cristo. Gracias a todas aquellas personas que, de una u otra forma, han sido partícipes de la liberación de muchos hijos de Dios que estaban atados por las obras del enemigo.

ÍNDICE

Capítulo 14
La autoliberación

INTRODUCCIÓN

A través de los años que llevo sirviendo al Señor, he encontrado que el ministerio de la liberación es fundamental en el crecimiento espiritual de la iglesia de Cristo, tanto para creyentes nuevos como para los que llevan años en el camino. Parece ser algo extraño para muchos, pero es una realidad que hay que reconocer.

Estamos atravesando por un momento donde el Espíritu Santo está haciendo grandes cambios y reformas en su iglesia, y uno de ellos es la restauración del ministerio de la liberación. Éste es un tema que acarrea grandes argumentos, pero también grandes bendiciones para todos aquellos que reciben esta revelación.

El tema de la liberación es muy extenso, pero es algo que el pueblo de Dios tiene que conocer. Es muy triste saber que, hoy día, los hijos de Dios todavía están en miseria espiritual debido a su falta de conocimiento; o inclusive, con fortalezas en su mente que les impiden creer en todo lo que su Padre Celestial tiene para ellos. Solamente imagínese lo siguiente: Le acaban de regalar una mansión lujosa, con todas las comodidades con las que usted siempre ha soñado. Hay muchas puertas que dirigen a diferentes lugares de la mansión, lugares que le gustaría disfrutar, tales como: la piscina, el salón de juegos, el jardín, el gimnasio y otros. Pero usted se encuentra encerrado en una habitación de la que no puede salir, ya sea por falta de conocimiento y revelación, por costumbres de hombres, por fortalezas establecidas en su mente o por ataduras. ¿No le parece que está desaprovechando ese regalo tan maravilloso? De igual manera, sucede con las personas que reciben al Señor como su Salvador. Primero, recibieron su salvación por gracia, pues no hicieron nada para ganarla, como la mansión; y no van más allá, porque se encuentran encerrados en una habitación (llámese costumbres de hombres, fortalezas, falta de conocimiento o doctrinas), desaprovechando todas las bendiciones que pueden recibir con tan sólo abrir la puerta al ministerio de la liberación. Notemos que el regalo no se pierde, simplemente no se aprovecha (esto es para el caso de las personas que llegan a extremos, pensado que si no hay liberación, no hay salvación); pues, por el hecho de que una persona esté desaprovechando el pan de los hijos, que es la liberación, no quiere decir que no sea salva.

Nuestro Padre Celestial desea que sus hijos sean bendecidos, y que todo lo que está impidiendo que así sea, desaparezca. Sólo imagínese el dolor que, como padre, Él experimenta al ver a sus hijos padecer tantas adversidades a raíz de no creer en su Palabra. Es hora de que nos levantemos y descubramos la influencia del enemigo en nuestra vida, y que aprovechemos el pan de los hijos para ser libres de ella. Creo que este libro va a ser de gran ayuda para este propósito.

CAPÍTULO 1

EL PAN DE LOS HIJOS

Hoy día, la iglesia de Jesús tiene gran falta de conocimiento en el área de la liberación. Sí, hay muchos ministerios que han tenido esta revelación, pero la mayoría continúa atada a tradiciones, que no le permite así entrar a otras dimensiones de la revelación de la Palabra. Es decir que, hay verdades que han estado allí, en las Escrituras, por mucho tiempo, pero que por nuestro orgullo espiritual y costumbres de hombres, no hemos visto ni entendido. Hay tres áreas específicas, en las cuales la falta de conocimiento se hace latente, y son las siguientes:

1. El área de lo apostólico

   Esto tiene que ver con una reforma que Dios está trayendo al cuerpo de Cristo; una enmienda, una corrección para enderezar muchas cosas que han estado torcidas en el cuerpo de Cristo. Por medio de los apóstoles, Dios está trayendo un rediseño, nuevas verdades que han estado escritas durante siglos, pero que no habíamos visto debido a las tradiciones que nublaban nuestro entendimiento. El Señor está trayendo cambios para corregir todo aquello que no está de acuerdo a su voluntad, y para cambiar la vieja manera de pensar de los creyentes.

2. El área de lo profético

   Esta área tiene que ver con traer revelación de lo sobrenatural de Dios: milagros, profecías, sanidades, dones del

Espíritu Santo. Traer del mundo invisible, lo mencionado anteriormente, para que sea manifestado en el mundo físico. Lo profético de Dios no es simplemente profetizar, sino también, expresar la mente y el corazón de Dios en una dimensión sobrenatural.

3. El área de la liberación y guerra espiritual

Precisamente, es en esta área, que quiero abundar; porque es un área donde el cuerpo de Cristo tiene mucha necesidad. Para ello, nos haremos algunas preguntas, y con la ayuda del Señor, las contestaremos por medio de la Escritura.

- ¿Qué es la guerra espiritual?

Es el desplazamiento permanente de los poderes demoníacos y la eliminación de todos los sistemas que los alimentan. Es cerrar las puertas que le dieron lugar al enemigo para que entrara.

La verdadera guerra espiritual tiene que ver con quitar, echar fuera los demonios que están arraigados en una persona, ciudad o nación, de una forma permanente. Para esto, es necesario que eliminemos los sistemas que hacen que esos espíritus se alimenten con poder y tengan derecho legal sobre nosotros. Es necesario, también, cerrar todas las puertas que les dieron entrada. Por ejemplo, un individuo que sufrió un abuso, necesita perdonar a su abusador y cerrar la puerta que esta situación le abrió al enemigo. Si es una ciudad, en la que los demonios se introdujeron por una puerta de pecado de idolatría, es importante que este pueblo se arrepienta y le pida perdón a Dios, cerrando así, la puerta que le daba derecho al enemigo sobre la ciudad. En conclusión, la guerra espiritual se completa cuando movemos, quitamos y echamos fuera los demonios; cuando les cortamos las líneas de supervivencia y les cerramos las puertas por donde entraron.

¿CÓMO SE INICIÓ EL MINISTERIO DE LIBERACIÓN?

El ministerio de la liberación se inició con Juan el Bautista, cuando comenzó a preparar al pueblo de Israel para recibir el Reino de Dios. Con la predicación del Reino de Dios, se inicia el ministerio de liberación que iba a traer Jesús.

"[1]En aquellos días se presentó Juan el Bautista predicando en el desierto de Judea, [2]y diciendo: Arrepentíos, porque el reino de los cielos se ha acercado". Mateo 3.1, 2

¿Qué es lo que dijo Jesús acerca de Juan el Bautista y el Reino de Dios?

"Desde los días de Juan el Bautista hasta ahora, el Reino de los cielos sufre asalto violento, y los hombres violentos lo arrebatan a la fuerza (como a un premio precioso/una acción en el Reino de los cielos buscada con celo ardiente y con esfuerzo intenso)". Mateo 3.1, 2 (Biblia amplificada)

La razón por la cual Jesús dice que, desde los días de Juan el Bautista, el Reino de los cielos sufre violencia, es porque fue Juan quien comenzó a predicar el Reino de Dios, y ése fue el momento en que comenzó la confrontación con el diablo. Cuando se predica el Reino de Dios, la manifestación visible es la liberación. En otras palabras, el diablo se enfureció más cuando se dio cuenta de que los días de poseer y oprimir a los seres humanos se le terminaban.

Jesús comienza predicando el Reino

"15Decía: 'El tiempo se ha cumplido y el reino de Dios se ha acercado. ¡Arrepentíos y creed en el evangelio'". Marcos 1.15

La llegada de Jesús fue preparada por Juan, el Bautista, a través de su prédica constante acerca del Reino. Así mismo, Jesús inicia su ministerio, enseñando y predicando acerca del Reino de Dios, que es lo que iba a traer la liberación de demonios a las personas.

Jesús confrontó a los demonios

"23Pero había en la sinagoga de ellos un hombre con espíritu impuro, que gritó: 24—¡Ah! ¿Qué tienes con nosotros, Jesús nazareno? ¿Has venido a destruirnos? Sé quién eres: el Santo de Dios. 25Entonces Jesús lo reprendió, diciendo: —¡Cállate y sal de él! 26Y el espíritu impuro, sacudiéndolo con violencia y dando un alarido, salió de él. 27Todos se asombraron, de tal manera que discutían entre sí, diciendo: —¿Qué es esto? ¿Qué nueva doctrina es ésta, que con autoridad manda aun a los espíritus impuros, y lo obedecen? 28Muy pronto se difundió su fama por toda la provincia alrededor de Galilea".
Marcos 1.23-28

Jesús estaba hablando en la sinagoga con autoridad, y los demonios no pudieron aguantar más la unción que había en Él. De repente, el hombre gritó dando voces en alto al frente de todos los que estaban allí:

"24—¡Ah! ¿Qué tienes con nosotros, Jesús nazareno? ¿Has venido a destruirnos? Sé quién eres: el Santo de Dios". Marcos 1.24

Seguidamente, Jesús le reprende, lo manda a callar y le ordena que salga de él. Ahora, recordemos que ninguna persona antes de Jesús había echado fuera a un demonio. En el Antiguo Testamento, lo más cercano o parecido a esto, lo vemos cuando David tocaba el arpa, y el espíritu malo que estaba sobre Saúl, se apartaba. Eso había sido lo más cercano a echar fuera demonios antes de que Jesús llegara. Ninguna persona, profeta, sacerdote o rey tenía la autoridad para echar fuera demonios. Antes de Jesús, nadie le había ordenado a un demonio que saliera de una persona. Jesús fue el primero en hacerlo al iniciar su ministerio predicando el Reino de Dios. Esto causó que los dos reinos chocaran violentamente, provocando el asombro de todos los presentes. La liberación de demonios en las personas es una demostración visible de que el Reino de los cielos ha llegado a una región o un lugar. Hay muchos ministerios que no creen en la liberación; por lo tanto, no existe liberación de demonios en medio de ellos. Lo triste es que, si no existe la liberación de demonios, es porque no están predicando el Reino de Dios.

LA LIBERACIÓN Y EL MINISTERIO DE JESÚS

¿Cuál era el ministerio de Jesús?

Dondequiera que Jesús iba, el Señor desplegaba los cuatro aspectos principales de su ministerio:

1. Predicaba
2. Enseñaba

3. Sanaba
4. Echaba fuera demonios

"[23]Recorría Jesús toda Galilea, enseñando en las sinagogas de ellos, predicando el evangelio del Reino y sanando toda enfermedad y toda dolencia en el pueblo. [24]Se difundió su fama por toda Siria, y le trajeron todos los que tenían dolencias, los afligidos por diversas enfermedades y tormentos, los endemoniados, lunáticos y paralíticos, y los sanó". Mateo 4.23, 24

"[39]Y predicaba en las sinagogas de ellos en toda Galilea, y echaba fuera los demonios". Marcos 1.39

A través de todos los evangelios, vemos a Jesús haciendo estas cuatro cosas: predicar, enseñar, sanar a los enfermos y echar fuera demonios. Hoy día, hay muchos pastores, ministros y creyentes que practican las tres primeras, pero no se atreven a echar fuera demonios, debido a que el ministerio de la liberación es muy controversial y perseguido. Cuando se predica y se enseña acerca del Reino, los demonios se empiezan a manifestar y las personas comienzan a ser libres.

¿Por qué esto no sucede en algunos ministerios e iglesias?

Porque se ha optado más por la sicología y siquiatría del mundo que por lo que Jesús enseñó con su ejemplo. Hemos ido a buscar métodos del mundo para ayudar a la gente que está deprimida y atada. Les estamos dando armas carnales y humanas para solucionar problemas que son mayormente espirituales; y por eso, vemos personas que sigue tan oprimidas como cuando llegaron a la iglesia. En vez de darles las soluciones de Dios y de creer en el poder de la cruz, en la sangre, en la Palabra y en la unción del Espíritu Santo de Dios, les estamos dando consejos y remedios de hombres.

JESÚS LIDIA CON LA RAÍZ DEL PROBLEMA

"[10]Enseñaba Jesús en una sinagoga en sábado, [11]y había allí una mujer que desde hacía dieciocho años tenía espíritu de enfermedad, y andaba encorvada y en ninguna manera se podía enderezar. [12]Cuando Jesús la vio, la llamó y le dijo: —Mujer, eres libre de tu enfermedad. [13]Puso las manos sobre ella, y ella se enderezó al momento y glorificaba a Dios. [14]Pero el alto dignatario de la sinagoga, enojado de que Jesús hubiera sanado en sábado, dijo a la gente: —Seis días hay en que se debe trabajar; en éstos, pues, venid y sed sanados, y no en sábado". Lucas 13.10-13

Veamos un poco en estos pasajes cómo Jesús lidia con un demonio que atormenta a una mujer. Ella tenía un espíritu de enfermedad del cual es liberada, recibiendo inmediatamente la sanidad. Por tanto, podemos decir que hay ciertas enfermedades que son provocadas por demonios. Jesús le dice: "*Mujer sé libre de tu enfermedad*", pone sus manos sobre ella y queda libre. Esto acusa directamente al diablo por esa enfermedad.

En nuestras iglesias, en muchas ocasiones, queremos libertar al pueblo "quitándole la telaraña", pero dejamos "la araña". Decimos: "es una enfermedad psicosomática"; "es un problema de la retina"; "es un dolor de espalda y necesita ir al quiropráctico"; "es un problema de depresión aguda", "es un problema mental". Le tratamos de atribuir los síntomas a diagnósticos sicológicos o físicos, cuando en realidad, son espíritus inmundos que están atormentando a la gente; seguimos sacando la "telaraña", pero hasta que no echemos fuera al demonio, la persona nunca va a poder ser libre.

Miremos otros factores:

"31 Entonces él se acercó, la tomó de la mano y la levantó; e inmediatamente se le pasó la fiebre y los servía". Marcos 1.31

"Inmediatamente la dejó libre". Por lógica, no podemos explicar que la fiebre se haya ido inmediatamente. Queremos razonarlo todo, y no nos damos cuenta de que la raíz del problema de la suegra de Pedro, era espiritual. Veamos algunos ejemplos:

"42 Tan pronto terminó de hablar, la lepra desapareció del hombre, y quedó limpio". Marcos 1.42

"Al instante, la lepra se fue de aquél y quedó limpio".

"9 ¿Qué es más fácil, decir al paralítico: 'Tus pecados te son perdonados', o decirle: 'Levántate, toma tu camilla y anda'?" Marcos 2.9

"Tus pecados te son perdonados". En otras palabras, Jesús les estaba diciendo: 'La causa de tus enfermedades, son tus pecados, te los perdono, levántate y anda'. Cuando leemos lo que Jesús hizo en los evangelios, observamos que Él corta o lidia con el problema desde sus raíces. Estamos tratando con entes demoníacos, seres que tienen personalidad y atormentan a la gente. Sé que para la mente humana, es muy difícil entender lo sobrenatural de Dios. Por eso, es que le tratamos de dar explicaciones con razonamientos que tengan lógica de humana sabiduría a los problemas que sólo tienen una explicación; y ésta es, que son de origen espiritual. Simplemente, creamos y

practiquemos el ministerio de Jesús que consiste en predicar, enseñar, sanar a los enfermos y echar fuera demonios para obtener la victoria que buscamos.

¿A quién delega Jesús su autoridad para echar fuera demonios?

- A sus doce y setenta discípulos.

"[7]Después llamó a los doce y comenzó a enviarlos de dos en dos, y les dio autoridad sobre los espíritus impuros". Marcos 6.7

"[1]Después de estas cosas, designó el Señor también a otros setenta, a quienes envió de dos en dos delante de él a toda ciudad y lugar adonde él había de ir. [2]Y les decía: La mies a la verdad es mucha, mas los obreros pocos; por tanto, rogad al Señor de la mies que envíe obreros a su mies". Lucas 10.1, 2

- Jesús delega la autoridad a todos los creyentes.

"[17]Estas señales seguirán a los que creen: En mi nombre echarán fuera demonios, hablarán nuevas lenguas..." Marcos 16.17

¿Qué tenemos que hacer para que la expulsión de demonios ocurra en nuestra vida y ministerio?

Tenemos que practicar el ministerio de Jesús en toda la extensión de la palabra: enseñar el Reino de Dios, predicar, sanar a los enfermos y echar fuera demonios. Dios nos ha dado la autoridad para hacerlo sin temor. Llamemos a los espíritus por su nombre. Por ejemplo: "Espíritu de depresión, ¡fuera!";

"espíritu de cáncer y muerte, ¡fuera!"; "espíritu de adulterio y fornicación, ¡fuera!"; "espíritu de orgullo, ¡fuera!"; "espíritu de esquizofrenia, ¡suelta la mente de mi familia y de mis hijos!". Tenemos que ordenarle a todos estos espíritus, por su nombre, que se vayan de nuestras vidas y de las vidas de todos los hijos de Dios. No pensemos más que estos tormentos son sólo enfermedades, y que nada tienen que ver con lo espiritual; y más bien, solucionémoslos como lo que son, demonios que tienen que irse en el nombre de Jesús.

¿Cuál es la condición requerida para que un creyente eche fuera demonios?

- Tener una vida de obediencia y rectitud delante de Dios.
- Mantener una vida de devoción hacia Dios, en oración y ayuno constante y permanente.

¿Cómo sabemos que el reino de Dios ha llegado a un lugar?

"[28]Pero si yo por el Espíritu de Dios echo fuera los demonios, ciertamente ha llegado a vosotros el reino de Dios". Mateo 12.28

Sabemos que el reino de Dios ha llegado a una persona, una iglesia, ministerio, ciudad o nación, cuando vemos en forma evidente, que las personas son libres de demonios, a los cuales se les eliminan los sistemas de supervivencia, cortando las líneas de pecado que los alimentan y cerrándoles las puertas para que no vuelvan más a las personas. La expulsión de demonios es la señal visible de que el Reino de Dios ha llegado a un lugar.

¿Puede un creyente dar derecho legal al enemigo para que lo atormente?

Sí, claro que lo puede hacer, por medio de la práctica continua de un pecado.

"[27]...ni deis lugar al diablo". Efesios 4.27

¿Cuál es la condición de las ovejas hoy día?

"[36]Al ver las multitudes tuvo compasión de ellas, porque estaban desamparadas y dispersas como ovejas que no tienen pastor". Mateo 9.35, 36

"[7]Y yendo, predicad, diciendo: "El reino de los cielos se ha acercado". [8]Sanad enfermos, limpiad leprosos, resucitad muertos, echad fuera demonios; de gracia recibisteis, dad de gracia". Mateo 10.7, 8

contaminadas

Las ovejas, de acuerdo a lo que Jesús dice, están: desamparadas, dispersas, llenas de lepra, vacías espiritualmente, enfermas y oprimidas por el enemigo; y nosotros tenemos que limpiarlas.

Hoy día hay muchos creyentes en esta condición, que necesitan que los limpiemos y sanemos. En mi andar diario, encuentro una gran cantidad de cristianos golpeados, enlutados, y arrastrando culpabilidad, rechazo, baja autoestima; otros, atados a pecados sexuales, pornografía, masturbación o esclavos de las pastillas para dormir; otros están en depresión, soledad y desamparados, arrastrando maldiciones generacionales de enfermedad, pobreza y divorcio; en fin, oprimidos por el enemigo. Nosotros los pastores, debemos comenzar a practicar el ministerio de Jesús; tenemos que limpiarlos y sanarlos, pues poseemos la autoridad y el poder en Cristo para hacerlo. Hay muchos ministros que prefieren ver a su pueblo atado antes que creer en la liberación, y lo hacen porque no quieren cambiar sus tradiciones y enseñanzas de hombres; no están dispuestos a exponerse a la persecución por hablar de la liberación. ¡Prediquemos el evangelio del Reino para que el pueblo de Dios sea libre!

LA LIBERACIÓN ES EL PAN DE LOS HIJOS

"21 Saliendo Jesús de allí, se fue a la región de Tiro y de Sidón.
22 Entonces una mujer cananea que había salido de aquella región comenzó a gritar y a decirle: —¡Señor, Hijo de David, ten misericordia de mí! Mi hija es gravemente atormentada por un demonio. 23 Pero Jesús no le respondió palabra. Entonces, acercándose sus discípulos, le rogaron diciendo: —Despídela, pues viene gritando detrás de nosotros. 24 Él, respondiendo, dijo: —No soy enviado sino a las ovejas perdidas de la casa de Israel. 25 Entonces ella vino y se postró ante él, diciendo: —¡Señor, socórreme! 26 Respondiendo él, dijo: —No está bien tomar el pan de los hijos y echarlo a los perros. 27 Ella dijo: —Sí, Señor; pero aun los perros comen de las migajas que caen de la mesa de sus amos. 28 Entonces, respondiendo Jesús, dijo: —¡Mujer, grande es tu fe! Hágase contigo como quieres. Y su hija fue sanada desde aquella hora". Mateo 15.21-28

Observemos ciertos puntos importantes en estos versos:

- Viene a Jesús una mujer 'no judía' a buscar liberación para su hija.
- Jesús la ignora por completo.

"26Respondiendo él, dijo: —No está bien tomar el pan de los hijos y echarlo a los perros". Mateo 15.26

- Ante la insistencia de la mujer, Jesús le presta atención.

Jesús nos enseña algo extraordinario acerca de la liberación: la liberación es la dieta diaria de los creyentes. Por ejemplo, el pan no es algo que solamente es consumido en ocasiones especiales, como lo es, por ejemplo, el salmón. Jesús da a entender que el ministerio que la hija de la mujer necesitaba es la dieta diaria de los hijos, que en este caso, es la liberación. El pan era parte de la dieta diaria de una familia en Israel, en el tiempo de Jesús. Con esto, lo que Jesús está dando a entender, es que el ministerio de la liberación es básico y esencial en la dieta espiritual de los hijos de Dios. Jesús, también dijo que no estaba bien dar, este ministerio en particular, a los "perros", refiriéndose a los que no eran judíos. Algunas veces, hay creyentes que creen que la liberación solamente es para los inconversos, para los incrédulos, pero le tengo noticias, Jesús dijo que la liberación es primero para los creyentes, los hijos e hijas de Dios que han nacido de nuevo, pero que todavía cargan con muchas opresiones demoníacas. Las iglesias están llenas de creyentes que aman a Dios, pero son esclavos de adicciones, se sienten rechazados, tienen falta de perdón y amargura; ellos no entienden por qué, después de haber recibido a Cristo, todavía se sienten mal por cosas del pasado. La explicación a esto es simple: necesitan liberación.

¿Puede un creyente ser o estar poseído por un demonio?

Yo creo que ningún creyente puede ser poseído por un demonio; pero sí, puede ser oprimido, obsesionado, deprimido, enfermado y atado por él. Si el creyente todavía tiene ciertas puertas abiertas que le dan derecho legal, tales como: maldiciones generacionales, traumas y abusos del pasado, la práctica constante de un pecado, entre otros, el enemigo tiene derecho legal para oprimirlo y atarlo. Usted y yo sabemos que no nos puede poseer, porque el Espíritu Santo vive dentro de nosotros, en nuestro espíritu, y la posesión implica ser dueño total de una persona, en espíritu, alma y cuerpo; por lo que si el Espíritu de Dios está en nosotros, el del enemigo no puede estar. Sin embargo, la opresión puede ser en el cuerpo, en la mente, en las emociones y en la voluntad, si un creyente le da derecho legal.

¿Por qué un creyente necesita liberación?

Cuando una persona viene a Cristo, tiene un nuevo nacimiento en su espíritu, es hecha una nueva criatura. Pero, su alma (voluntad, emociones y mente) queda intacta, en el sentido de que no hay nuevo nacimiento en ella. Por tanto, el alma del creyente necesita ser transformada, renovada y liberada.

"17 De modo que si alguno está en Cristo, nueva criatura es: las cosas viejas pasaron; todas son hechas nuevas".
2 Corintios 5.17

La palabra es muy clara, somos una nueva criatura. Eso significa que en nuestro espíritu, somos nuevos, somos libres, somos santos, somos justificados; pero como lo mencionamos anteriormente, hay otra parte de nuestro ser llamada alma, que necesita ser liberada, sanada y transformada.

"2 No os conforméis a este mundo, sino transformaos por medio de la renovación de vuestro entendimiento, para que

comprobéis cuál es la buena voluntad de Dios, agradable y perfecta". Romanos 2.1, 2

En el alma, es donde los creyentes tienen heridas, ataduras, falta de perdón, sentimientos de rechazo y baja autoestima. Es de todo esto que necesitan ser liberados y sanados.

Testimonio: Un año después de haber comenzado a pastorear, me encontré con un problema: la iglesia y el liderazgo no crecían, estaban estancados. Les enseñaba la Palabra y oraba por ellos. La enseñanza era continua y con mucha revelación, pero era como si no les entrara en su corazón; estaban estancados. Era como si una pared invisible delante de ellos, no los dejara avanzar en ningún área de su vida. Éstos eran espíritus inmundos, pero yo no lo sabía. Así que, un día le pregunté al Señor, por qué estaba ocurriendo esto, y el Señor me dijo: "Estás trabajando al revés; les estás dando mucha palabra y enseñanza, pero todavía no los has limpiado. Primero límpialos, y entonces, estarán listos para recibir la Palabra, crecer y madurar". Lo hice así, y luego sucedió, exactamente, lo que el Señor me había dicho: la iglesia y el liderazgo crecieron.

"7Ciertamente la opresión hace enloquecer al sabio, y las dádivas corrompen el corazón". Eclesiastés 7.7

Cuando hay un demonio influenciando a las personas, no las deja pensar, ya que las oprime con enfermedades y con depresión; por eso, es necesario ministrarles liberación primero, para que ellas puedan recibir la palabra en su corazón.

¿Por qué la Iglesia no ha entendido el ministerio de la liberación?

La razón primaria, es la influencia del espíritu de Grecia que se ha introducido en la iglesia. En mi libro, *La Generación del Vino Nuevo*, explico claramente y con detalles, cómo la influencia de este espíritu ha cortado todo lo que es sobrenatural en la iglesia.

Algunas características del espíritu de Grecia, el cual está influenciando la Iglesia de Cristo son:

- El humanismo: la exaltación del hombre.
- El Intelectualismo: la exaltación de la inteligencia humana. El reconocimiento y el logro de metas y sus símbolos, como diplomas, títulos y riquezas. Todas estas cosas sustituyen la unción y el poder de Dios.
- Niega todo aquello que no se pueda explicar.
- Niega la existencia de demonios, impidiendo de esa forma, la liberación de los creyentes.
- Resiste todo lo sobrenatural, como los dones, las sanidades, la profecía, los milagros, etcétera.

Podemos hablar más de este espíritu que ha hecho tanto daño a la iglesia, pero solamente quiero darle sus características básicas. Hay muchos ministros, iglesias y creyentes que no creen en la liberación, porque hay un espíritu de Grecia que los está influenciando. Prefieren ver a sus ovejas atadas y heridas por el enemigo en vez de creer en el ministerio de la liberación.

Resumamos brevemente lo que hemos estudiado para que podamos entender mejor este tópico: "*la liberación es el pan de los hijos*":

- La iglesia ha tenido una gran falta de conocimiento al respecto.
- La guerra espiritual, no solamente es expulsar los demonios, sino también, cortar las líneas que le están dando derecho legal al enemigo.
- Jesús comienza predicando el Reino de Dios; y la manifestación visible que trae de éste, es la expulsión de demonios.
- Antes de Jesús, ninguna persona había echado fuera demonios.
- El ministerio de Jesús se compone de cuatro aspectos principales: predicar, sanar, enseñar y echar fuera demonios.
- Jesús nos delega la autoridad para que podamos hacer lo mismo.
- La condición de las ovejas es triste. Necesitan ser limpias y sanadas.
- Jesús nos enseñó que la liberación debe ser parte de la dieta diaria de los creyentes.

- Entendemos que un creyente no puede ser poseído, pero sí puede ser influenciado por el enemigo.

- El creyente necesita liberación porque todavía su alma, en la cual no ocurre un nuevo nacimiento, necesita ser liberada y sanada de las ataduras del pasado.

- La razón número uno, de por qué muchos creyentes y ministros no creen en la liberación, es porque están siendo influenciados por el espíritu de Grecia.

CAPÍTULO 2

LIBRES DE LA INIQUIDAD

La iniquidad, causa de las ataduras

"Que guarda misericordia a millares, que perdona la iniquidad, la rebelión y el pecado, pero que de ningún modo tendrá por inocente al malvado; que castiga la maldad de los padres en los hijos y en los hijos de los hijos, hasta la tercera y cuarta generación". Éxodo 34.7

Muchas personas se preguntan hoy día: ¿Por qué nací homosexual? ¿Por qué nací lesbiana? ¿Por qué no veo la justicia de Dios en mi vida? ¿Por qué la vida ha sido tan injusta? ¿Por qué me pasan tantos accidentes? ¿Por qué he pasado por tan terribles desastres financieros? ¿Por qué siempre he vivido en escasez? ¿Por qué siempre estoy atado a lo mismo? ¿Por qué nunca salgo adelante? ¿Por qué nunca prospero? ¿Por qué siempre estoy enfermo? ¿Por qué estoy peleando contra ataduras sexuales? ¿Por qué soy una persona tan iracunda? ¿Por qué soy tan inseguro? ¿Por qué vivo todo el tiempo con temor? ¿Por qué hubo divorcios en mi familia? Todas estas preguntas vienen al corazón y a la mente de los hombres y las mujeres de hoy, y no encuentran respuestas. Pero las respuestas a estas preguntas están en la palabra de Dios.

"30Convertíos y apartaos de todas vuestras transgresiones, y no os será la iniquidad causa de ruina". Ezequiel 18.30

En realidad, todas estas preguntas tienen una sola respuesta, y ésta es: por la iniquidad de los hombres. La iniquidad es la causa principal de todos sus problemas, catástrofes, traumas, dolores, destrucciones familiares, divorcios, enfermedades, ataduras, vicios, inseguridades, temores, ira, amarguras, miseria, pobreza, injusticias, abusos, maldiciones generacionales, entre otros. Algunas veces, rompemos maldiciones generacionales en nuestra vida, pero nos damos cuenta de que continuamos con el mismo problema, ya que la causa de todas las maldiciones generacionales es la iniquidad.

¿Qué es iniquidad?

La palabra iniquidad en el vocablo hebreo es *"awon"*, que significa pecado, con énfasis en su depravación y perversión. Iniquidad se refiere a algo depravado, pervertido, completamente torcido; es voltear el hombro, darle la espalda a Dios. Cuando las personas llegan a un punto de pecado continuo, su conciencia se cauteriza; pecan tanto que se pervierten, y esto se torna en iniquidad. La iniquidad causa grandes injusticias delante de Dios. Por eso, la Biblia dice que Dios aborrece a quienes hacen iniquidad.

En algunas traducciones, la palabra iniquidad se traduce como maldad; éstas son palabras sinónimas. En el vocablo griego, la palabra iniquidad es "*anomia*", que significa sin ley, carencia de ley; literalmente, significa injusticia.

Dios ha establecido leyes por medio de las cuales el ser humano debe vivir, pero los que hacen iniquidad, son personas que viven como les da la gana. El pecado es su estilo de vida y hacen injusticias de continuo.

Si le damos tres definiciones importantes a la iniquidad, diríamos que:

1. Es cometer un pecado de continuo llevándolo a la depravación y a la perversión.

2. Es vivir sin ley, y hacer todo lo que nos dé la gana. Es hacer todo lo que yo quiera, cuando quiera, como quiera y con quien quiera. Es despreciar el señorío de Jesús.

3. Es cometer todo tipo de injusticia. La injusticia es actuar en contra de las leyes que Dios ha establecido.

¿Cómo entró la iniquidad a la tierra?

"[15]Perfecto eras en todos tus caminos desde el día en que fuiste creado hasta que se halló en ti maldad". Ezequiel 28.15, 16

Fue el diablo quien, primero, llenó de iniquidad su corazón, y por esa razón, fue lanzado del cielo, dando inicio a la maldad o a la iniquidad. En los versos anteriores, vemos dos palabras claves: maldad e iniquidad. Dondequiera que usted lea estas dos palabras en la Biblia, recuerde que son sinónimas. Estas dos características son las que dieron a luz el imperio del mal. La maldad o iniquidad surge del corazón, y es la suma de los malos pensamientos y las malas intenciones; es el origen de todo lo malo del hombre.

"[19]...porque del corazón salen los malos pensamientos, los homicidios, los adulterios, las fornicaciones, los hurtos, los falsos testimonios, las blasfemias". Mateo 15.19

La maldad o iniquidad es como una semilla que se arraiga en el corazón del hombre y germina en forma de deseos perversos. Satanás fue el primero que cometió iniquidad o maldad contra Dios, y ésta fue encontrada en su corazón. La otra frase que aparece en la Biblia es: "iniquidad de tus contrataciones". Recuerde lo que estudiamos desde el principio: la iniquidad es vivir sin ley, es hacer injusticia. La palabra contrataciones es un término comercial que da a entender como tratos comerciales. Pero, lo malo es que cada uno de esos negocios eran llenos de iniquidad; eran negocios perversos y depravados, de la misma manera en que los vemos hoy día.

Por ejemplo: El negocio de la pornografía infantil, el abuso de las viudas, la explotación del extranjero, entre otros, son injusticias, iniquidades, que nos alcanzarán a la larga. En resumen, la iniquidad se opone a todo lo que es la justicia de Dios. Ésta es la sustancia de todos los pecados y de la concupiscencia, y fue introducida a la tierra por medio de Satanás.

¿Cómo entró la iniquidad en el hombre?

Por medio del pecado original, en el huerto del Edén. A partir de allí, el hombre comenzó a depravarse, a pervertirse y a torcer todo lo que Dios le dio. El hombre fue concebido en iniquidad.

"[5]En maldad he sido formado y en pecado me concibió mi madre". Salmos 51.5

Cada ser humano nace con la iniquidad o maldad en su corazón debido a que hay un cordón espiritual, donde se van quedando grabados todos los pecados de los hombres, siendo esto la herencia que se transmite de generación en generación. La iniquidad es como una tabla donde está esculpido todo el legado perverso y depravado que será heredado a las siguientes generaciones, y éstas lo torcerán aún más. Si no se arrepienten de su iniquidad, el legado para su descendencia será: mayor iniquidad, perversión y depravación que el que ya recibieron.

"[1]El pecado de Judá está escrito con cincel de hierro y con punta de diamante; está esculpido en la tabla de su corazón y en los cuernos de sus altares..." Jeremías 17.1

En esta tabla, que es la iniquidad, está grabada la información de pecados de todas nuestras generaciones. En la iniquidad, es donde se pegan y se arraigan las maldiciones generacionales y las enfermedades. Además, es donde el enemigo encuentra los derechos legales para continuar destruyendo generaciones enteras. La iniquidad es el medio donde el enemigo edifica imperios y fortalezas.

Ilustración:

Un imán atrae todo lo que tenga hierro; por lo tanto, todo lo que sea de metal, se le pega. Asimismo es la iniquidad, todo lo que sea malo, perverso, pecaminoso e injusto, será atraído. Por esta razón, oímos a muchas personas decir: "a mí se me pegan todas las enfermedades", "siempre estoy sin dinero", "siempre estoy deprimido", "me va mal en todo". Todas estas expresiones indican que hay iniquidad operando en la persona.

¿Qué sucede si no se lidia con la iniquidad?

Hay algunos creyentes que han pedido perdón por todos sus pecados, pero nunca han confesado ni han pedido perdón por sus iniquidades. Prueba de ello es que, después de recibir a Cristo, siguen con las mismas ataduras, con los mismos problemas, y continúan viviendo en miseria. ¿Qué hay que hacer?

Lidiar con la iniquidad. Pero, ¿qué sucede si no lo hacemos? Veamos qué dice la Palabra.

1. La iniquidad sale del corazón a la lengua.

"[30]¿Es que hay iniquidad en mi lengua, o acaso no puede mi paladar discernir lo malo?" Job 6.30

Cuando la iniquidad no se trata, se esparce; y ésta empieza a tomar control de nuestra lengua. Entonces, comenzamos a hablar cosas perversas y depravadas, a maldecir, a juzgar, a hablar injusticias; criticamos y juzgamos hasta que llega un momento en que nuestra lengua no tiene límite ni ley, y es porque estamos llenos de iniquidad.

"[6]Y la lengua es un fuego, un mundo de maldad. La lengua está puesta entre nuestros miembros, y contamina todo el cuerpo e inflama la rueda de la creación, y ella misma es inflamada por el infierno". Santiago 3.6

Hay tanta iniquidad en nuestra lengua que, continuamente, estamos hablando el mal y lo negativo. Nos la pasamos murmurando y quejándonos; no tenemos control de nuestra lengua.

2. La iniquidad lo lleva a caer en un pozo.

"[14]El impío concibió maldad, se preñó de iniquidad y dio a luz engaño. [15]Pozo ha cavado y lo ha ahondado; pero en el hoyo que hizo, caerá. [16]¡Su iniquidad recaerá sobre su cabeza y su agravio caerá sobre su propia coronilla!" Salmos 7.14-16

La iniquidad es ¡tan terrible!, que va aumentando en el corazón del hombre hasta llegar a un estado, en el que no sólo está en el corazón, sino que llega a la boca, causando que este individuo se preñe, se embarace de ella, para luego dar a luz el engaño. Entonces, empiezan a crecerle ramas y frutos a este árbol de iniquidad, y como resultado, la persona cae en un pozo del que no puede salir. Hemos encontrado personas que dicen: "estoy en un pozo del cual no puedo salir. Cada día que pasa se empeora más y más. Mi situación es desesperante". Esto quiere decir que ya ha dado a luz el engaño y todo lo que da como fruto es malo, y cada vez peor.

3. **La iniquidad es la causa de muchas enfermedades.**

"[14]Venga en memoria ante Jehová la maldad de sus padres y el pecado de su madre no sea borrado. [15]Estén siempre delante de Jehová y él corte de la tierra su memoria, [16]por cuanto no se acordó de hacer misericordia, y persiguió al hombre afligido y menesteroso, al quebrantado de corazón, para darle muerte. [17]Amó la maldición, y ésta le sobrevino; no quiso la bendición, ¡y ella se alejó de él! [18]Se vistió de maldición como de su vestido; entró como agua en su interior y como aceite en sus huesos". Salmos 109.14-18

La iniquidad es tan fuerte que penetra en los huesos, y como consecuencia, trae diferentes enfermedades, tales como: diabetes, artritis, cáncer y otras enfermedades hereditarias. Como si esto fuera poco, cuando la iniquidad toma control de una persona, continúa con su ciudad, su nación y, luego, hasta el continente en donde está ubicada la persona. Cuando esto ocurre, es que vemos las diferentes consecuencias manifestadas en las naciones, como por ejemplo: violencia, sequías, terremotos, huracanes, hambre, miseria, entre otras.

4. La iniquidad causa división entre Dios y nosotros.

"2...pero vuestras iniquidades han hecho división entre vosotros y vuestro Dios y vuestros pecados han hecho que oculte de vosotros su rostro para no oíros". Isaías 59.2

Este capítulo habla de cómo las iniquidades del pueblo hicieron que Dios se separara de ellos y que no oyera su clamor. Hoy día, me encuentro con creyentes que buscan a Dios y se quejan de que oran y ayunan, pero tal parece que hay una división entre Dios y ellos. Claman en oración y pareciera que el Señor no los oye. Esto es porque hay iniquidad en sus vidas.

La iniquidad es la que causa la separación y la división entre los hermanos. Criticamos, juzgamos, hablamos mal unos de otros, y esto nos mantiene separados como cuerpo de Cristo que somos. Es, por esta razón, que muchos creyentes viven en derrota, están en miseria, enfermos, tristes, deprimidos, como si estuvieran en un hoyo profundo.

La iniquidad causa una gran división y separación entre Dios y el hombre. Hasta que el hombre no se arrepienta de sus iniquidades y las de sus padres, y no las confiese, esa separación permanecerá; será como una pared invisible. Por ejemplo, la iniquidad de envidias y celos, nos tiene separados y divididos. No podemos ver la prosperidad del hermano porque hay una iniquidad tan grande de celo y envidia que nos enferma el alma.

5. La iniquidad hará que Jesús aparte de sí a los que la cometen.

> *"[21]No todo el que me dice: "¡Señor, Señor!", entrará en el reino de los cielos, sino el que hace la voluntad de mi Padre que está en los cielos. [22]Muchos me dirán en aquel día: "Señor, Señor, ¿no profetizamos en tu nombre, y en tu nombre echamos fuera demonios, y en tu nombre hicimos muchos milagros?". [23]Entonces les declararé: "Nunca os conocí. ¡Apartaos de mí, hacedores de* ***maldad!****".*
> *Mateo 7.21-23*

Lo que Jesús está explicando en estos versos, es que hay muchas personas que echan fuera demonios, sanan los enfermos, profetizan, hacen milagros, y le llaman a Él, "Señor". Pero, Jesús les dice: "el hecho de que me llamen Señor, no significa que estén haciendo mi voluntad, ni que me amen"; y en "aquel día" les declarará:

- "Nunca os conocí". Fueron individuos que nunca tuvieron un encuentro con Él.

- "Apartaos de mí". Recuerde que Dios y los inicuos no pueden estar juntos, pues la misma iniquidad los separa.

- "Hacedores de maldad". La palabra maldad es sinónima de iniquidad, es el vocablo griego *"anomia"*, que significa vivir sin ley.

En otras palabras, Jesús les estaba diciendo: "ustedes me llaman Señor, pero viven como quieren; hacen milagros, profetizan, echan fuera demonios, pero lo hacen como quieren, cuando quieren y con quien quieren. Ustedes viven sin ley, cometieron muchas injusticias y, por eso, se volvieron depravados. Así que, ¡apártense de mí, al fuego eterno!"

Tenemos que lidiar con la iniquidad para que ésta, que está cubierta de tinieblas, no se vaya arraigando más y más en nuestro corazón, y para que no lleguemos al punto de beber la iniquidad como agua.

"16...¿cuánto menos el hombre abominable y vil que bebe la iniquidad como agua?" Job 15.16

6. **El amor de muchos se enfriará por causa de la iniquidad.**

"12...y por haberse multiplicado la maldad, el amor de muchos se enfriará". Mateo 24.12

Encontramos que hay muchas personas que se apartaron de la iglesia por la maldad de otras; vieron el mal testimonio, les robaron dinero, les mintieron, les ofendieron, y por eso, se enfrió su amor por el Señor.

¿Cómo ser libres de la iniquidad?

- Debemos confrontar nuestra iniquidad y la de nuestros padres. Hay creyentes que piensan que, por el hecho de que hayan recibido a Cristo como Señor y Salvador, automáticamente quedan libres de iniquidades. Personalmente, creo que Jesús perdonó todas nuestras iniquidades. Es decir, Jesús ya lo hizo todo, nos liberó y nos perdonó; pero hay algunos creyentes que no se han apropiado de todo lo que Él hizo en la Cruz; conocen la teoría, pero no han tenido la experiencia.

"[40]Y confesarán su iniquidad, y la iniquidad de sus padres, por su prevaricación con que prevaricaron contra mí; y también porque anduvieron conmigo en oposición, [41]yo también habré andado en contra de ellos, y los habré hecho entrar en la tierra de sus enemigos; y entonces se humillará su corazón incircunciso, y reconocerán su pecado. [42]Entonces yo me acordaré de mi pacto con Jacob, y asimismo de mi pacto con Isaac, y también de mi pacto con Abraham me acordaré, y haré memoria de la tierra". Levíticos 26.40-42

Mientras el creyente no confiese sus iniquidades, esto lo seguirá afectando; no su salvación (porque si muere va al cielo, ya que ante Dios, fuimos justificados por la sangre de Jesús), pero sí afectará su caminar espiritual aquí en la tierra. La injusticia cometida por sus antepasados o sus ancestros, afectará y causará ruinas y desastres en su vida. Por esta razón, tenemos que confesar nuestras iniquidades.

- Hacer un acto de arrepentimiento y perdón por nuestras iniquidades y las de nuestros antepasados.

  Pedir perdón a Dios por nuestras iniquidades, identificándonos con los pecados, maldad o iniquidad de nuestros padres; y arrepentirnos delante del Señor por todas sus injusticias. Algunas de éstas pueden ser:

  - Abuso al extranjero
  - Abuso a la viuda
  - Maltrato al pobre
  - Abuso sexual a niños
  - Abuso al huérfano

- Crítica a la autoridad
- Murmuración y queja

• Renunciar a todas nuestras iniquidades y las de nuestros padres.

- Iniquidades sexuales
- Iniquidades de enfermedad
- Iniquidades de injusticia
- Iniquidades de ira y enojo
- Iniquidades de temor
- Iniquidades de rechazo
- Iniquidades de orgullo y pobreza
- Iniquidades de divorcios y destrucción familiar
- Iniquidades de accidentes violentos
- Iniquidades de enfermedades mentales
- Iniquidades de depresión
- Iniquidades de brujería y hechicería

• Creer y recibir la obra de Jesús en la cruz del Calvario.

La obra de Jesús, en la cruz del Calvario, llevó todas nuestras iniquidades.

¿Qué hizo Jesús con nuestras iniquidades?

• Jesús nos redimió de nuestras iniquidades.

"[14]Él se dio a sí mismo por nosotros para redimirnos de toda maldad y purificar para sí un pueblo propio, celoso de buenas obras". Tito 2.14

La palabra redimir significa pagar en rescate de; pagar la deuda que nosotros teníamos. Jesús nos compró, para traernos de regreso a donde realmente pertenecemos, a Dios.

- Jesús llevó todas nuestras iniquidades.

"[11]Verá el fruto de la aflicción de su alma y quedará satisfecho; por su conocimiento justificará mi siervo justo a muchos, y llevará sobre sí las iniquidades de ellos". Isaías 53.11

En la cruz del Calvario, fueron llevadas nuestras iniquidades de enfermedad, depravaciones sexuales, orgullo, pobreza, entre otras.

- Jesús perdonó todas nuestras iniquidades.

"[3]Él es quien perdona todas tus maldades, el que sana todas tus dolencias..." Salmos 103.3

- No existe iniquidad alguna en nosotros o en nuestros antepasados que Jesús no haya perdonado en la cruz.

Oración de renunciación a la iniquidad

"Padre Celestial, te pido perdón por las iniquidades que hayan cometido mis padres y mis ancestros contra ti. Yo, voluntariamente, tomo responsabilidad por sus pecados y mis pecados e iniquidades; y ahora mismo, me arrepiento con todo mi corazón, y te pido que la sangre de Jesús me limpie de toda iniquidad. ¡Amén!"

Haga una lista de las iniquidades que operan en su vida, y comience a renunciar a cada una de ellas. Por ejemplo, "Yo renuncio a toda iniquidad de pobreza y le ordeno a todo espíritu, que está detrás de esa iniquidad, que salga de mi vida, ahora"; y así sucesivamente.

CAPÍTULO 3

CÓMO VENCER EL ORGULLO Y LA SOBERBIA

El orgullo, la arrogancia y la soberbia, se definen en un sólo espíritu, cuyo nombre es Leviatán. Este espíritu es la raíz de todos los pecados, debido a que fue el pecado que llevó a Satanás a rebelarse en contra de Dios. Una persona que camina con orgullo, puede caer en cualquier pecado. Cada vez que una persona se enorgullece, le recuerda a Dios la rebelión que ocurrió en el cielo. Hoy día, hay un sinnúmero de personas que han caído en pecado y no se han vuelto a levantar por causa del orgullo que anida en su corazón.

Hay palabras sinónimas para referirse al orgullo, tales como soberbia y arrogancia. Y tanto el orgullo, como la soberbia y la arrogancia, son la raíz de todos los pecados. A continuación, estudiaremos cada una de las definiciones de la palabra orgullo y sus sinónimos, que nos permitirán entender a profundidad este gran enemigo del ser humano.

Orgullo: Es vivir para uno mismo creyéndose mejor que los demás. Es tener exceso de estimación propia y un sentimiento elevado de la propia dignidad.

Orgulloso: Uno que depende de sus habilidades, de lo que sabe y de lo que ha aprendido. Por esta razón, vive independientemente de Dios y de los demás.

Soberbio: Es aquel que tiene una excesiva estima de sí mismo y menosprecia a los demás. Es uno que se jacta de sus logros pasados y presentes, creyendo que todo lo que ha logrado es gracias a su propia fuerza; por lo tanto, no le da la gloria a Dios. A esto la Biblia le llama "vanagloria de la vida".

Arrogancia: Es la actitud por la cual alguien que se siente superior, menosprecia a los demás; ya sea, por su nivel intelectual, por el color de su piel, por el país de origen o cualquier otra razón que lo haga sentir superior.

Arrogante: Es uno que se atribuye o exagera facultades que no tiene, y expresa en su corazón que lo haría mejor que otros.

¿Cuál es el sentir de Dios hacia una persona que se comporta con arrogancia y soberbia?

Dios la resiste, la rechaza cara a cara, porque Él aborrece el pecado de arrogancia. El orgullo y la soberbia son la misma esencia de la naturaleza diabólica, porque la persona con estas actitudes está negándose a obedecer la autoridad legítima de Dios. Esto, exactamente, es lo que Lucifer hizo cuando habitaba en el cielo. Estudiemos cómo Dios aborrece el orgullo.

"[13]El temor de Jehová es aborrecer el mal: yo aborrezco la soberbia, la arrogancia, el mal camino y la boca perversa". Proverbios 8.13

"[16]Seis cosas aborrece Jehová, y aun siete le son abominables: [17]los ojos altivos, la lengua mentirosa, las manos que derraman sangre inocente..." Proverbios 6.16, 17

¿Cómo se siente Dios cuando actuamos con soberbia?

Es impresionante darnos cuenta de que, muchas veces, hemos actuado con orgullo, soberbia y arrogancia, sin darnos cuenta que, con estas actitudes, estamos ultrajando a Dios. En cada persona, existe un nivel de orgullo, y de alguna manera, ha ultrajado a Dios, hiriendo su corazón.

"30Pero la persona que haga algo con soberbia, sea el natural o el extranjero, ultraja (reprocha, censura, critica injuria y blasfema) a Jehová; esa persona será eliminada de en medio de su pueblo". Números 15.30

Lo que concluimos de la palabra **ultrajar**, es que la persona orgullosa levanta el brazo contra Dios y dice: "Dios, yo no te necesito, yo soy autosuficiente para hacer lo que creo que debo hacer"; y esto insulta a Dios. Una persona que tiene esta actitud es alguien que confía en su propio corazón, que no tiene temor de Dios y, tarde o temprano, verá su caída.

Dios abomina toda persona altiva de corazón:

"5Abominable es para Jehová todo altivo de corazón; ciertamente no quedará impune". Proverbios 16.5

La palabra **abominable** significa: repugnante, orgulloso, odioso y excesivamente ofensivo. Para Dios, abominable es aquel que se cree superior a los demás, uno que se jacta de sus logros, que menosprecia a los demás, que se atribuye o exagera facultades que no tiene; uno que cree y dice que haría las cosas mejor que los demás, y que vive para sí mismo. Ante los ojos del Señor, todo esto es repugnante y excesivamente ofensivo. ¡Que el Señor nos guarde de la arrogancia!

¿Cuáles son las características de una persona orgullosa, arrogante y soberbia?

Después del pecado de Adán, todos los seres humanos llevamos orgullo en nuestro corazón; algunos tienen más, otros menos, pero todos, sin excepción, cargamos con él. La persona orgullosa es:

- Autosuficiente

  La persona autosuficiente pone su confianza en sus habilidades naturales. No le gusta trabajar en equipo, tiene un espíritu individualista. El autosuficiente considera que no necesita de los demás y siempre pone una excusa para no trabajar en grupo. Es un individuo que vive independientemente de Dios.

- Perfeccionista

  El perfeccionismo es uno de los resultados de la soberbia, y refleja lo que hay en el corazón. Por ejemplo, la persona perfeccionista, nunca está conforme consigo misma ni con lo que hace, y tampoco se pone de acuerdo con los demás. El perfeccionista se pone metas o normas de exigencia por encima de lo normal; si las consigue, se siente superior; si, por el contrario, no las consigue, se frustra, se critica y se menosprecia a sí mismo y a los demás.

- Egoísta

  Es una persona que trata de satisfacerse a sí misma, sin importarle los demás. Esto es un gran problema en el matrimonio y es la razón de muchos divorcios. El hombre orgulloso y soberbio llega a pensar que nada le va a satisfacer en esta vida. Trata de llenar su ego con dinero, fama, sexo y cualquier cosa que crea que puede saciarlo. Busca la autogratificación a toda costa y siempre está pidiendo más; nunca logra estar satisfecho.

- Competitiva

Una persona a la que le gusta la competencia es soberbia, pues lucha por sobresalir y ser reconocida. Al competitivo, le gusta llamar la atención y conseguir los aplausos. Nuestra única competencia es contra nuestro viejo hombre, contra nuestra carne.

- Rencorosa

La persona rencorosa tiene grandes dificultades para perdonar, no puede aceptar las ofensas porque hieren su ego. Es muy vengativa y siempre está preocupada por su reputación. Este tipo de persona prefiere razonar y complacer su orgullo antes que perdonar. Sin embargo, a una persona humilde la hieren y no le importa si la herida es grande o pequeña (perdona fácilmente).

- Voluntariosa y ambiciosa

Esta gente siempre quiere hacer su voluntad. Dice frases como: "eso debería hacerse así" o "yo lo haría diferente y mejor". Es ambiciosa y siempre quiere tener una posición de alto rango en el trabajo, en la iglesia y en todo lugar. Cada vez que se le manda a hacer algo, lo hace a su manera.

- Le cuesta creer en la palabra de Dios.

  La incredulidad es el producto de la soberbia en un grado avanzado. La persona soberbia se caracteriza por ser y trabajar independientemente de Dios; y también, por creer que en sus propias fuerzas, puede lograrlo todo y poseer las bendiciones de Dios por sí misma.

  Hay ocasiones en que nuestra fe no crece porque hay soberbia en nuestros corazones; porque dependemos mucho de lo que sabemos, y nos cuesta descansar en Dios. Dios no nos va a usar por lo buenos que seamos o porque conozcamos mucho la Biblia. Dios nos va a usar por su misericordia y por su gracia. La soberbia es la raíz de todo pecado, la raíz de toda debilidad, la raíz de toda independencia de Dios; por lo tanto, probemos nuestro corazón, para identificar si tenemos orgullo en algún área de nuestra vida.

- Es contenciosa

  "10Ciertamente la soberbia produce discordia, pero con los prudentes está la sabiduría". Proverbios 13.10

  ¿Por qué la persona orgullosa es también contenciosa?

  Porque para satisfacer las demandas de su orgullo, está siempre tratando de probar que está en lo correcto. Siempre se está justificando y discutiendo para demostrar que es mejor y superior que cualquier otra persona, a la que pueda estar viendo como una amenaza. Sus ideas son las mejores, sus planes son los mejores y todo lo demás no sirve para nada. Esta actitud es la que la pone en discordia con las personas que trabajan o se desenvuelven cerca de ella. La persona orgullosa no acepta que está equivocada, no admite sus errores y, por esta razón, es contenciosa.

Ya hemos hablado acerca de lo que es el orgullo, pero ahora estudiemos lo que es el espíritu de orgullo (Leviatán).

¿De dónde viene el espíritu de orgullo?

El espíritu de orgullo viene desde que Satanás pecó y su corazón se enalteció en contra de Dios. Fue el orgullo lo que lo llevó a la destrucción. Se encontró en él pecado de iniquidad y de orgullo, y por esa razón, Dios lo derribó de los cielos.

"[17]Se enalteció tu corazón a causa de tu hermosura, corrompiste tu sabiduría a causa de tu esplendor; yo te arrojaré por tierra, y delante de los reyes te pondré por espectáculo".
Ezequiel 28.17

Desde ese entonces, de alguna manera cada uno de nosotros ha sido controlado o influenciado por el espíritu de orgullo, unos en mayor grado que otros. Uno de los efectos que provoca la acción de este espíritu es la ceguera mental. La palabra de Dios le llama, espíritu de Leviatán, "el rey de los soberbios".

¿Qué significa el nombre Leviatán?

Leviatán: Significa rey sobre los hijos de orgullo.

Cuando una persona es controlada o influenciada por el espíritu de orgullo o Leviatán, presenta tres características principales:

- Terquedad
- Dureza de cerviz
- Dureza de corazón

¿Cómo describe la Biblia al espíritu de Leviatán?

"[1]En aquel día Jehová castigará con su espada dura, grande y fuerte a Leviatán, la serpiente veloz, a Leviatán, la serpiente tortuosa; y matará al dragón que está en el mar". Isaías 27.1

Serpiente veloz, dragón, otras traducciones le llaman el monstruo de las profundidades del mar.

"[14]Aplastaste las cabezas del Leviatán y lo diste por comida a los habitantes del desierto". Salmos 74.14

Ilustración: Se cree que en el triángulo de las Bermudas hay un monstruo marino. Este monstruo marino en el hebreo es "*tannen*", que es un símbolo egipcio, posiblemente el cocodrilo, que era el dios del Faraón. Leviatán, es un símbolo de fuerza y poder. Recordemos, en el Antiguo Testamento, cómo la vara de Moisés se convirtió en serpiente, para luego comerse las varas de los egipcios, que también se habían convertido en serpientes. Como he explicado, la palabra hebrea para dragón es "*tannen*", que significa animal marino muy grande –el apóstol Juan dice en Apocalipsis: "vi un dragón"–. Esto nos indica que estamos lidiando con un espíritu fuerte; o sea, un monstruo que destruye familias, negocios, divide iglesias, y nada lo detiene, salvo el poder del Dios viviente.

Dios formula 14 preguntas en el libro de Job (capítulo 41) acerca del espíritu de Leviatán. A través de cada una de estas preguntas, el Señor nos revela la naturaleza de Leviatán:

1. "[1]¿Sacarás tú al leviatán con anzuelo, o con cuerda que le eches en su lengua? [2]¿Pondrás tú soga en sus narices, y horadarás con garfio su quijada?" Job 41.1, 2

   Esta pregunta que Dios hace a Job es acerca de la inhabilidad del hombre para dominar por sí sólo este espíritu. Nosotros, los seres humanos, no podemos sujetarlo con una soga, ni atarle su quijada. La única manera de vencerlo es por medio de la unción de Dios, reconociendo en humildad, que nada se puede hacer sin Jesús. El comienzo de la humildad es reconocer nuestras limitaciones y nuestra dependencia de Dios. La persona orgullosa no depende de Dios para vivir y hacer las cosas en su vida; sino que se basta a sí misma para obtener lo que quiere.

2. "[3]¿Multiplicará *ruegos* él delante de ti? ¿Te hablará con palabras lisonjeras?" Job 41.3

   La palabra "ruego" tiene que ver con la oración o petición. Una persona influenciada por este espíritu no considera la oración como algo importante. Hemos encontrado que el espíritu de Leviatán o de orgullo es un obstáculo para la oración. Hay personas que tienen dificultad para orar porque están bajo la influencia de Leviatán; a veces, hasta se quedan dormidas como una manifestación de este espíritu. La gente orgullosa no ve ni siente la necesidad de orar. Las personas humildes reconocen la necesidad de buscar a Dios y de orar porque saben que, sin Él, no pueden vivir. Sin embargo, los orgullosos tomar decisiones sin buscar la voluntad del Señor en oración, pues no lo consideran necesario.

   "[4]...el malo, por la altivez de su rostro, no busca a Dios; no hay Dios en ninguno de sus pensamientos". Salmo 10.4

A las personas orgullosas, se les hace difícil aceptar y pedir ayuda; y a menudo, hablan en un tono duro. Les cuesta recibir de la gente regalos, ministración, dinero y hasta los favores más pequeños.

3. "[4]¿Hará un *pacto* contigo para que lo tomes por esclavo para siempre?" Job 41.4

Leviatán no entra en pactos con nadie, pues es un espíritu independiente; nunca se somete ni sirve a otros. El orgullo se convierte en un obstáculo para las personas que entran en un pacto de amistad o una relación íntima. Las personas bajo la influencia del espíritu de orgullo trabajan como llaneros solitarios; en otras palabras, sin cobertura ni bajo autoridad alguna.

¿Qué es un pacto? Un mutuo acuerdo entre dos partes. A mí, personalmente, me gusta trabajar en relaciones de pacto; pero muchas veces, encuentro que el espíritu de orgullo no nos deja honrar esos pactos. En repetidas ocasiones, vemos divorcios causados por la influencia del espíritu de Leviatán, que hace que las personas no perdonen ni se humillen, prefiriendo así romper el pacto matrimonial.

El orgullo ciega a la persona, impidiendo que reciba y camine en el pacto que tiene a través de la sangre de Jesús. Algunas personas no tienen revelación de lo que es liberación, sanidad, prosperidad, fe y otras verdades que están en la Biblia. Se requiere humildad para recibir la revelación del pacto, y muchas veces, las personas no están dispuestas a humillarse. Por eso, hay muchas verdades hoy día que las personas no entienden, debido a que están cerradas a lo que Dios está haciendo. Es impresionante, ver a muchos creyentes rechazar el bautismo con el Espíritu Santo, a otros rechazar la liberación y a otros, partes del Nuevo Testamento. Ellos dicen: "mi denominación tiene la verdad"; estas expresiones hacen parte del orgullo religioso.

4. "[4]¿Hará un pacto contigo para que lo tomes por *esclavo* para siempre?" Job 41.4

Un esclavo en Cristo, es un creyente que sirve al pueblo, y si usted quiere servir, se puede encontrar con que el orgullo le va a impedir someterse y servir a otros, puesto que se requiere humildad para hacerlo. El orgullo siempre quiere estar por encima y en control. Una persona orgullosa quiere que todo el mundo se someta a ella y le sirva. Uno de los grandes problemas entre los líderes y seguidores de hoy día, es la falta de sometimiento y servicio, porque siempre están buscando una razón para no someterse; especialmente, si lo tienen que hacer con alguien que consideran que sabe menos o que tiene menos tiempo en la iglesia o en el trabajo. Si usted tiene problemas para someterse y para servir, es porque tiene alguna influencia de Leviatán. Jesús es nuestro ejemplo de humildad, ya que Él se humilló y se hizo hombre por nosotros. Uno de los ejemplos de humildad que nos dejó, fue cuando les lavó los pies a sus discípulos.

5. "[8]Pon tu mano sobre él: *recordarás luego la lucha* y no volverás a hacerlo". Job 41.8

El orgullo le dará batalla en todo lo que usted haga. Un consejo importante: Nunca se meta en contienda con una persona orgullosa, porque siempre habrá discusión debido a que la contienda es parte de su vida, es algo que lleva por dentro, y su satisfacción es ver humillada a la persona que se atreva a oponérsele. Toda persona contenciosa es orgullosa. La palabra de Dios nos enseña que Dios resiste a los soberbios.

"[6]Pero él da mayor gracia. Por esto dice: «Dios resiste a los soberbios y da gracia a los humildes". Santiago 4.6

Lo que nos está diciendo esta escritura, es que Dios se resiste, como un general, para no dejar avanzar a una persona que sea orgullosa en ninguna área de su vida, y como resultado, le va mal en todo. Algunos se preguntan: ¿Por qué me va mal en mis finanzas? ¿Por qué me va mal con mis hijos y mi cónyuge? ¿Por qué Dios no contesta mis oraciones? ¿Por qué siempre que hago algo me sale mal? La respuesta a estas preguntas es que hay un general que lo está resistiendo, y ese general, es Dios mismo.

6. "[15]Su espalda está cubierta de fuertes escudos, cerrados estrechamente entre sí". Job 41.15

El espíritu de Leviatán u orgullo se cubre con otros espíritus para protegerse a sí mismo de los ataques. Estos espíritus funcionan como escudos, para volverlo impenetrable. Estos demonios que lo protegen, son con los que se tiene que lidiar primero para luego echar fuera al espíritu fuerte (Leviatán).

Algunas personas no pueden recibir liberación del espíritu de Leviatán porque su reino está protegido con escudos. Por ejemplo, algunas personas influenciadas por este espíritu, se protegen con espíritus de rechazo, lujuria, inseguridad, vergüenza, temor, espíritus religiosos y otros. Todos estos espíritus se encuentran en una persona que tiene espíritu de orgullo. Algunas veces, las personas dan "razones" por las cuales son orgullosas. Todo el tiempo están levantando paredes para no dar amor ni darle el corazón a nadie. Lo más terrible de todo esto, es que la persona que tiene el espíritu de Leviatán, está tan cegada que no se da cuenta de que es orgullosa. Estas razones provienen de los espíritus (escudo del Leviatán), que están ejerciendo su tarea de protegerlo.

Estas escamas están ligadas entre sí, de manera que, ni aun el viento puede penetrar entre ellas. Así mismo es la persona que está cegada por el espíritu de Leviatán, es impenetrable, no se puede llegar a su corazón. Dios mismo tiene que romper ese corazón a través del padecimiento y del dolor para poder penetrar esa coraza. Hágase esta pregunta: ¿Hay algún área de mi vida que es impenetrable, que la estoy cubriendo de alguna manera? El poder de Leviatán es roto, solamente cuando echamos fuera aquellos espíritus que lo protegen.

7. "[16]El uno se junta con el otro de modo que el viento no pasa entre ellos". Job 41.16

   El viento, en el idioma griego, es "pneuma", que significa espíritu; y si lo aplicamos a lo que estábamos hablando anteriormente, diríamos que las escamas están tan apretadas entre sí, que ni siquiera el Espíritu Santo (viento) puede pasar, entrar. El orgullo es un espíritu que bloquea a una persona para que no pueda fluir en lo espiritual. A menudo, las personas a las que les cuesta mucho fluir en los dones del Espíritu Santo y la unción, son las que están batallando con el espíritu de Leviatán. Leviatán gobierna sobre algunos grupos que rechazan el bautismo con el Espíritu Santo y sus dones. El enemigo habla a la mente y al corazón de la persona orgullosa, dándoles razonamientos y excusas, tales como: "tú lo tienes todo, no necesitas nada más, no necesitas cambiar, tu denominación es la correcta y todo el mundo está mal, tú tienes la sana doctrina". Dios quiere cambiar eso por medio de su Espíritu Santo; pero nosotros, por nuestro orgullo, no lo dejamos.

El espíritu de orgullo en una persona, bloquea todo aquello que la pudiera llevar a cambiar para mejorar y ser diferente; bloquea su corazón para que, al momento de ser corregida, rechace la corrección y no pueda crecer espiritualmente, que es lo que sucede cuando una persona recibe la disciplina.

8. "[17]*Unido está el uno con el otro*, trabados entre sí, no se pueden separar". Job 41.17

Los demonios suman fuerza cuando se juntan (crean una cadena de ataduras en la persona), ayudándose mutuamente para mantener protegido al hombre fuerte. Si estas personas no buscan liberación, pueden permanecer atadas durante muchos años; pero, en el momento en que deciden humillarse y arrepentirse, el Señor puede y quiere obrar en ellas.

9. "[18]Cuando estornuda, lanza relámpagos; sus ojos son como los párpados del alba. [19]De su boca salen llamaradas; centellas de fuego brotan de ella". Job 41.18, 19

Este espíritu es un dragón que se manifiesta a través de la lengua.

"[5]Así también la lengua es un miembro pequeño, pero se jacta de grandes cosas. He aquí, ¡cuán grande bosque enciende un pequeño fuego!" Santiago 3.5

Ésta es una referencia obvia al orgullo. Leviatán manifiesta lo que es a través de la lengua. ¿Cómo lo hace?

- Jactándose (recordemos que el soberbio es uno que se jacta de sus logros, que exagera facultades y virtudes que no tiene, y siente en su corazón y dice con su boca que haría cualquier cosa, mejor que los otros).

- Mintiendo exageradamente.

- Maldiciendo continuamente. La persona orgullosa siempre está hablando mal de otros y exaltándose a sí misma.

  "[12]Por el pecado de su boca, por la palabra de sus labios, sean ellos presos en su soberbia, y por la maldición y mentira que profieren". Salmo 59.12

Dos de los pecados de orgullo son maldecir y mentir.

Una persona orgullosa se jacta continuamente. Pero, ¿qué es jactarse? Jactarse significa hablar de uno mismo con vanagloria; es alardear, presumir, ostentar de lo que se tiene o se cree ser. ¿Por qué las personas mienten acerca de su edad? ¿Por qué mienten acerca de su estado civil, de su raza, nacionalidad, origen y pasado? Porque un espíritu de orgullo los está influenciando.

10. "[20]De sus narices sale humo, como de una olla o caldero que hierve". Job 41.20

"Un caldero u olla que hierve". La palabra **hervir** nos da a entender un estado de agitación emocional y sentimental, referentes a la ira y a la contienda. La ira y la contienda son manifestaciones del orgullo.

"[10]Ciertamente la soberbia produce discordia, pero con los prudentes está la sabiduría". Proverbios 13.10

La traducción de *English New Bible Translations* dice: "un hombre que se cree importante a sí mismo, provoca riñas y disputas". Aquellos que son fácilmente dados a las contiendas, a las riñas y a la ira, son controlados por Leviatán. El espíritu de Leviatán es el que incita a las personas a provocar contiendas, chismes en la iglesia, discusiones entre los hermanos y entre los líderes; y también, provoca contiendas en el hogar. La ira y la contienda van de la mano. No preste su lengua para las obras de Leviatán, rechácelo en el nombre de Jesús.

11. "[22]En su cerviz está su fuerza, y delante de él cunde el desaliento". Job 41.22

Hay dos fuentes que manifiestan el Espíritu de Leviatán, y éstas son:

- La testarudez
- La dureza de corazón

De acuerdo al versículo citado, Leviatán es fuerte en su cerviz o cuello.

"En su cerviz está la fuerza". Esto se refiere a que el ser testarudo y rebelde es una manifestación del orgullo. Las personas orgullosas odian la sumisión a la autoridad, y son como el mulo, es decir, nunca cambian su mentalidad. A esta clase de personas, yo las considero de "mente cerrada"; nunca salen de su caja. Nunca ceden la razón a nadie.

¿Qué significa ser testarudo "necio-necedad" o de dura cerviz?

La persona que es testaruda, se rehúsa a cambiar; no admite que está equivocada ni pide perdón. Hay algunas personas que se rehúsan a cambiar su vida personal, y por eso, Dios no ha obrado en ellas. También, se rehúsan a cambiar en su matrimonio porque siempre están culpando a la mujer o al hombre, y mientras cada uno no tome responsabilidad de sus actos y se humille, no habrá cambio.

¿Por qué las personas van de iglesia en iglesia y no se plantan en ninguna?

Porque se rehúsan a cambiar. Tienen una luna de miel con el pastor y la iglesia mientras no se les dice nada que los contraríe. Cuando se les dice la verdad, se van. Cuando las hieren, se van, porque no soportan la presión de ser líderes ni la presión de servir. Hay muchos líderes que se rehúsan a cambiar cuando hay un nuevo mover del Espíritu que está siendo desatado en el cuerpo de Jesús; líderes que aman más las denominaciones, las tradiciones, los patrones, la seguridad de su trabajo como pastor que la voluntad de Dios. Éstos se rehúsan a cambiar, siguen con sus tradiciones y dogmas, invalidando la Palabra de Dios. Muestran una gran resistencia al cambio, y todo esto, no es otra cosa que una manifestación del espíritu de Leviatán. Una señal de que usted está creciendo espiritualmente en un lugar, en el ámbito personal y familiar, es que hay cambios en su vida. Los cambios son señales de que Dios está trabajando en su corazón y que usted no lo está resistiendo; si está cambiando, regocíjese. Por ejemplo, si antes le gustaba decir malas palabras y maldecir y ya no lo hace, significa que está cambiando. Si antes no diezmaba, y ahora ha decidido obedecer para recibir más bendición diezmando, quiere decir que está cambiando. Si antes era controlado por la ira y ahora usted logra controlar su ira, es porque está cambiando; no está resistiendo a Dios, sino que se está dejando moldear por Él.

12. "[24]Firme es como una piedra su corazón, fuerte como la piedra de un molino". Job 41.24

Una persona influenciada con el espíritu de Leviatán, tiene su corazón endurecido, y por eso, no puede ser sensible a la voz de Dios. El endurecimiento del corazón es causa de las heridas emocionales del pasado y de la práctica del pecado continuo. Esto lleva a la persona orgullosa a endurecer su corazón. Veamos lo que Jesús dijo en Marcos 8.17 "*Y entendiéndolo Jesús, les dijo: ¿Qué discutís, por qué no tenéis pan? ¿No entendéis ni comprendéis? ¿Aún tenéis endurecido vuestro corazón?"*. La palabra "endurecido" es el vocablo griego "*poroo*", que significa petrificar, formar callo. Esta condición de endurecimiento de corazón, da como resultado ceguera y sordera espiritual. Eso le ocurre a aquellos individuos orgullosos no entendidos ni oidores de la Palabra. Es alguien que casi nunca llora, que no sufre quebrantamiento en su corazón.

13. "[31]Hace hervir como una olla las aguas profundas, y las vuelve como una olla de ungüento". Job 41.31

Una persona orgullosa siempre provoca grandes problemas de contienda dondequiera que vaya, y agita todo a su alrededor. No es sensible a la necesidad de la familia ni de las personas en general. De cosas minúsculas, forma un gran problema, y hace enojar a todos los que están con ella.

14. "Menosprecia toda cosa alta; es rey sobre todos los soberbios". Job 41.34

Menosprecia todo aquello que le hable o le recuerde que hay que humillarse, servir, depender de Dios. Todo aquello que es noble y bueno, lo desprecia. El espíritu de Leviatán menosprecia la oración, menosprecia el amor a los demás, a Dios y a su Palabra, y su único deseo es exaltarse a sí mismo.

¿Cuáles son los espíritus relacionados con Leviatán?

Ira	Brujería
Arrogancia	Perfeccionismo
Contención	Rebeldía
Desobediencia	Vanidad
Independencia	Adivinación
Mentira	Rechazo

El espíritu de orgullo es un espíritu que compensa a la persona que se siente rechazada. Cuando una persona se siente rechazada, el orgullo causa que ella sienta una falsa seguridad y que se sienta mejor acerca de sí misma. El espíritu de orgullo causa que la persona se cubra y se esconda, que sienta miedo de ser ella misma, porque eso la hace vulnerable.

Otras manifestaciones del orgullo o del espíritu de Leviatán:

- Según mi experiencia en el ministerio, he observado que las personas orgullosas sufren de calvicie, desnudez de todos sus defectos, picazón y malos olores; la Biblia dice lo siguiente:

  "[16]Asimismo dice Jehová: «Por cuanto las hijas de Sión se ensoberbecen y andan con el cuello erguido y ojos desvergonzados; que caminan como si danzaran, haciendo sonar los adornos de sus pies; [17]por eso, el Señor rapará la cabeza de las hijas de Sión, y Jehová descubrirá sus vergüenzas". Isaías 3.16, 17

¿Cómo vencemos la soberbia y la arrogancia?

1. Desarrollando la humildad.

   ¿Qué es humildad?

   La palabra humildad viene de la raíz griega *"humus"*, que significa tierra, y de allí, viene la palabra humano *"thus"*, que significa algo terrenal, humano. Recordemos que somos simples seres humanos y no Dios. Reconocer este principio es el comienzo para recibir la liberación del orgullo.

   ¿Qué es ser humilde?

   Significa estar consciente de la esencia de la verdad de quién es uno, ¿cuál es la verdad? Somos meros seres humanos. Es reconocer sin exagerar ni tampoco degradar lo que simplemente somos como personas en Cristo. Por ejemplo, si usted es un buen predicador y lo reconoce, no es pecado, pero si se cree el mejor predicador, en ese momento, se convierte en pecado de orgullo. Por lo tanto, no es degradarse o reducirse uno mismo en la estimación de otro, sino estar conciente del verdadero valor como persona.

"[3]Digo, pues, por la gracia que me es dada, a cada cual que está entre vosotros, que no tenga más alto concepto de sí que el que debe tener, sino que piense de sí con cordura, conforme a la medida de fe que Dios repartió a cada uno". Romanos 12.3

Usted no puede decidir ser humilde, pues, la humildad es reconocerse en la medida de lo que realmente es. Cuando una persona reconoce su verdadero valor en Dios, quiere decir que es humilde.

¿Cómo se expresa la humildad?: Lavándole los pies a los hermanos; es decir, sirviéndoles.

"[1]Antes de la fiesta de la Pascua, sabiendo Jesús que su hora había llegado para que pasara de este mundo al Padre, como había amado a los suyos que estaban en el mundo, los amó hasta el fin". Juan 13.1

Lavar los pies es un acto de: amor, ejemplo, limpieza interna y relaciones sociales. La actitud que tuvo Jesús con los discípulos debe ser la misma actitud que nosotros tengamos con los demás, es una forma de destruir el orgullo en la vida de una persona.

¿Cómo trata Dios a una persona orgullosa?

A través del "quebrantamiento, el proceso de trituración, la demolición", entre otros.

"[18]Antes del quebranto está la soberbia, y antes de la caída, la altivez de espíritu". Proverbios 16.18

Veamos cómo Dios humilló al rey Nabucodonosor:

"[29]Al cabo de doce meses, paseando por el palacio real de Babilonia, [30]habló el rey y dijo: «¿No es ésta la gran Babilonia que yo edifiqué para casa real con la fuerza de mi poder, y para gloria de mi majestad?» [31]Aún estaba la palabra en la boca del rey, cuando vino una voz del cielo: «A ti se te dice, rey Nabucodonosor: "El reino te ha sido quitado; [32]de entre los hombres te arrojarán, con las bestias del campo será tu habitación y como a los bueyes te apacentarán; y siete tiempos pasarán sobre ti, hasta que reconozcas que el Altísimo tiene el dominio en el reino de los hombres, y lo da a quien él quiere"». [33]En la misma hora se cumplió la palabra sobre Nabucodonosor: Fue echado de entre los hombres, comía hierba como los bueyes y su cuerpo se empapaba del rocío del cielo, hasta que su pelo creció como plumas de águila y sus uñas como las de las aves. [34]«Al fin del tiempo, yo, Nabucodonosor, alcé mis ojos al cielo y mi razón me fue devuelta; bendije al Altísimo, y alabé y glorifiqué al que vive para siempre..." Daniel 4.29-34

Recordemos, si no queremos ser repugnantes, odiosos y excesivamente ofensivos en la presencia de Dios, no podemos mostrarnos por encima de los demás, menospreciando sus talentos y sus dones; no podemos ser egoístas, orgullosos, ni depender de nuestras propias habilidades.

El Rey Nabuconodosor tuvo que aprender la humildad por medio del dolor. Eso mismo sucede con aquellos individuos que no quieren pedir perdón, que no quieren reconocer que están equivocados, que no quieren humillarse voluntariamente. Dios tiene que humillarlos, y desafortunadamente, es por medio del dolor y el quebrantamiento que esto se logra.

2. Arrepintámonos de andar en orgullo.

Debemos tener en cuenta que el arrepentimiento incluye cambio de mente y de corazón. El arrepentimiento es una puerta abierta que le da acceso a las bendiciones de Dios. Si reconocemos que hemos estado andando en orgullo en algún área de nuestra vida, y nos arrepentimos, entonces Dios nos perdonará y nos bendecirá.

3. Renunciemos al espíritu de Leviatán con todo nuestro corazón y confesémoslo con nuestra boca.

Recordemos siempre este verso bíblico:

"[10]Humillaos delante del Señor, y él os exaltará".
Santiago 4.10

Repita esta oración conmigo:

Padre celestial, yo me arrepiento con todo mi corazón, por haber caminado en orgullo, por haberte ultrajado e insultado. Eso, Señor, es abominable, es asqueroso, es repugnante, es exageradamente ofensivo delante de tus ojos. Ahora mismo, te pido perdón. Renuncio a toda influencia del espíritu de Leviatán y lo echo fuera de mi vida. ¡En el nombre de Jesús, amén!

Alguna vez...

- ¿Se ha considerado mejor que otro?
- ¿Ha pensado solamente en usted?
- ¿Ha tomado decisiones en las cuales no ha tenido en cuenta a Dios?
- ¿Ha exagerado virtudes, logros victorias?
- ¿Ha menospreciado a alguien por su raza, color o nacionalidad?

Algunos principios importantes:

- El orgullo es la raíz de todos los pecados.
- El orgullo es creerse mejor que los demás.
- La persona orgullosa ultraja a Dios, es abominable, repugnante y ofensiva delante de sus ojos.
- El espíritu de Leviatán es el rey de los orgullosos.
- Las tres características principales del espíritu de orgullo son: la terquedad, la dureza de cerviz y la dureza de corazón.
- El orgullo es el mayor obstáculo para recibir la revelación de la Palabra.
- Hay un sinnúmero de espíritus que se relacionan con el espíritu de Leviatán, tales como: ira, rebelión, mentira, independencia, etcétera.
- Si una persona orgullosa no se arrepiente del orgullo, pasará por situaciones difíciles en su vida.

- La manera de vencer el orgullo es por medio de la humildad y el servicio.
- El Señor nos puede hacer libres del orgullo.

CAPÍTULO 4

CÓMO VENCER LA IRA O EL ENOJO

Éste es uno de los temas de los cuales se habla poco hoy día, tanto en los círculos religiosos, como psicológicos. Creo que es uno de los grandes problemas de la sociedad, y no hemos sabido cómo tratarlo correctamente, con la ayuda del Señor y a la luz de su Palabra.

Vamos a estudiar lo que es la ira o el enojo y cómo vencerla.

¿Qué es la ira?

Es una condición agitada de los sentimientos, debido a una indignación interna. La ira es provocada por un dolor que la persona sufrió y lleva dentro de ella.

La ira es un problema que afecta a toda la humanidad. Dondequiera que usted vaya, encontrará personas que están llenas de ira o enojo. Este mal no se quita con una oración mágica, sino que es una obra de la carne, la cual tenemos que crucificar; ya que si no lo hacemos, podemos abrir una puerta para que un espíritu de ira venga sobre nosotros, y con él, otros espíritus del mismo tipo, tales como: violencia y destrucción.

Hay dos palabras griegas para describir el significado de la palabra ira o enojo.

- "Thumos" - Es una condición agitada de los sentimientos; es una explosión de ira, un arrebato de enojo debido a la indignación interna. "*thumos*" se caracteriza porque se inflama súbitamente y se apaga pronto: es un momento de ira. *"Thumos"* puede incitar a la venganza, aunque no necesariamente la lleve a cabo.

- "Orge" - es una condición de ira continua en la mente y el corazón, con vistas a tomar venganza. "*Orge*" es menos explosiva, menos súbita, pero más duradera. Este tipo de ira es una de las más peligrosas.

Hay personas que explotan súbitamente *"thumos"*. En un momento, les da un arrebato de ira y, en seguida, se calman, se apaciguan. Esta ira es mala porque la persona puede hacer mucho daño con la boca, con lo que dice. En un instante, puede echar a perder lo que le ha tomado años construir.

Ilustración: Moisés golpeó la roca en vez de hablarle, tal como Dios se lo había dicho, y perdió su entrada a la tierra prometida.

"[7]Y Jehová dijo a Moisés: [8]Toma la vara y reúne a la congregación, tú con tu hermano Aarón, y ***hablad a la peña*** *a la vista de ellos. Ella dará su agua; así sacarás para ellos aguas de la peña, y darás de beber a la congregación y a sus bestias". Números 20.7, 8*

"[12]Pero Jehová dijo a Moisés y a Aarón: Por cuanto no creísteis en mí, para santificarme delante de los hijos de Israel, por tanto, no entraréis con esta congregación en la tierra que les he dado". Números 20.12

Un arrebato de ira les costó a Moisés y a Aarón la entrada a la tierra prometida; les costó su ministerio. Un arrebato de ira le puede costar su matrimonio, una amistad, su ministerio, la bendición de Dios en su vida, y así sucesivamente. Dios le dijo a Moisés, no golpees la roca como lo hiciste la primera vez en el desierto. Esta vez quiero que le hables a la roca; mas Moisés hizo lo contrario: golpeó la peña. La Palabra nos dice que el que anhela obispado, no puede ser iracundo. Un ministro que no tiene control sobre su mal carácter, puede perder su ministerio.

¿Cuáles son las consecuencias de no controlar este tipo de ira explosiva o "*thumos*"?

- La ira nos llevará a hacer locuras.

  "[17]El que fácilmente se enoja comete locuras; y el hombre perverso es aborrecido". Proverbios 14.17

  En momentos de ira, una persona maldice a su esposo, a sus hijos, a sus hermanos, y como resultado, marca a esas personas para siempre. Después de que se termina ese momento de enojo, usted dice: ¿qué locura hice? ¿Por qué reaccioné de esa manera? ¿Por qué le dije eso? Un secreto que usted sabía, algo interno, algo blasfemo, alguna mentira, etcétera.

- La ira nos traerá pena.

  "[19]El que se deja arrebatar por la ira llevará el castigo, y si usa de violencias, añadirá nuevos males". Proverbios 19.19

"El de grande ira, llevará la pena, y si usa de violencias, añadirá nuevos males". (Biblia amplificada) Aquí se le puede dar lugar a un espíritu de violencia y, entonces, el daño será mayor.

Biblia amplificada:

"...el hombre de grande ira sufrirá la pena porque si usted lo libra de las consecuencias, él se sentirá libre de causarle y hacerle lo mismo de nuevo". Proverbios 19.19

Hemos estado hablando de *"thumos"*, la ira explosiva que, en un momento, puede hacer que un hombre cometa locuras. Ahora, estudiemos un poco del segundo tipo de ira: *"Orge"*. Ésta es la ira que está en la mente y en el corazón permanentemente; ésta es más pasiva, pero permanece y busca venganza.

¿Qué dijo Jesús acerca de la ira o el enojo?

"[21]Oísteis que fue dicho a los antiguos: "No matarás", y cualquiera que mate será culpable de juicio. [22]Pero yo os digo que cualquiera que se enoje contra su hermano, será culpable de juicio; y cualquiera que diga "Necio" a su hermano, será culpable ante el Concilio; y cualquiera que le diga "Fatuo", quedará expuesto al infierno de fuego". Mateo 5.21, 22

Jesús dijo que la ira o el enojo son lo mismo que el asesinato delante de los ojos de Dios. Una persona que asesina a otra, será juzgada; y si no se arrepiente, irá al infierno. Lo mismo sucede con aquella persona que se enoja con un hermano y no busca la reconciliación.

"Pero yo digo que cualquiera que continuamente esté enojado contra su hermano o abrigue malicia (esto es enemistad del corazón en contra de Él), será responsable, y no podrá escapar del castigo impuesto por la corte. Y cualquiera que hable de manera despreciativa o insultante a su hermano, será responsable y no podrá escapar al castigo impuesto por la corte; Cualquiera que diga: "tú necio", "maldito", "tú cabeza hueca", "idiota", será culpable de juicio y no podrá escapar del infierno". (Biblia amplificada)

¿Qué nos enseña Jesús en su palabra acerca de este tipo de ira?

La ira continua es peligrosa. Hay personas que no explotan en ira, pero la van almacenando por dentro; y cuando se acumula, llega un momento en que matan, destruyen y hacen cosas violentas. Después, la gente se pregunta: ¿Por qué hizo eso si esa persona era tan tranquila?

Hay dos tipos de ira:

- La ira justificable o ira.santa
- La ira injustificable o ira del hombre

¿Será pecado enojarse o airarse?

No es pecado. De acuerdo a lo que nos enseña la palabra de Dios, lo que no debemos tener, es ira como un patrón de conducta que nos lleve a vengarnos, a guardar falta de perdón, amargura y odio.

"[26]Airaos, pero no pequéis; no se ponga el sol sobre vuestro enojo, [27]ni deis lugar al diablo". Efesios 4.26

La ira es una emoción heredada de Dios. Él se aíra, Él se enoja, pero la ira del Señor es santa; como la que Jesús sintió en el templo, la cual lo llevó a tirar las mesas de los cambistas que habían convertido la casa de Jehová en una cueva de ladrones. Su ira era justificable y santa.

"...cuando te enojes, no peques. Nunca dejes que tu ira, tu exasperación, tu furia o indignación dure hasta que el sol se oculte"; "no dejes que el día pase, sin arreglar tu situación". Efesios 4.26 (Biblia amplificada)

Hay personas que guardan ofensas, heridas y maltratos en su corazón por días, semanas, meses y años; y cuanto más tiempo pasa, más ira se va acumulando. Entonces, se les hace más difícil perdonar y hablar con la persona para llegar a una reconciliación. Durante este tiempo, el enemigo hará todo lo posible para que esa persona no pueda hablar con su hermano; porque mientras esté enojada, habrá lugar para que él entre en su vida con derecho legal sobre ella, su familia y sus finanzas.

- La ira y las palabras van juntas.

"[19]Por esto, mis amados hermanos, todo hombre sea pronto para oír, tardo para hablar, tardo para airarse..." Santiago 1.19

¿Qué sucede? Empezamos con un enojo en el corazón, pero esperamos mucho tiempo para arreglarlo; entonces, comenzamos a despreciar al hermano, a no saludarlo, a negarle la bendición, empezamos a jugar con pensamientos de venganza; y como resultado, terminamos por maldecir y hablar mal del hermano. Jesús dijo que eso nos puede llevar al infierno. La manera de expresar la ira que tenemos en el corazón es a través de las palabras sucias, deshonestas y mal habladas.

"[19]El de grande ira llevará la pena; y si usa de violencias, añadirá nuevos males". Proverbios 19.19

¿Cómo lidiar con una persona que está enojada o airada?

"[1]La respuesta suave aplaca la ira, pero la palabra áspera hace subir el furor". Proverbios 15.1

Cuando vemos a una persona airada, no podemos contestarle con el mismo enojo, porque eso va a aumentar su ira. Lo que debemos hacer, es darle una respuesta blanda.

¿Cuáles son las consecuencias de dejarse llevar por la ira o el enojo?

- La persona iracunda tiene falta de entendimiento.

  "[29]El que tarda en airarse es grande de entendimiento..." Proverbios 14.29

- La ira causa contiendas y, muchas veces, nos lleva a pecar.

  "[22]El hombre iracundo provoca contiendas; el furioso, a menudo, peca". Proverbios 29.22

  He notado que la mayor parte de las personas iracundas, provocan contiendas dondequiera que van, y también son personas que pecan muy a menudo con su mente, su corazón y su boca.

- La ira es contagiosa.

  "[24]No te unas al iracundo ni te acompañes del irascible, [25]no sea que aprendas sus costumbres y pongas trampa a tu propia vida". Proverbios 22.24, 25

¿Ha notado usted que, cuando una pareja se casa y uno de los cónyuges es iracundo y el otro no, eventualmente, el cónyuge que no era iracundo, termina modelando el mismo carácter? La ira es contagiosa.

- La ira estorba nuestras oraciones.

"8Quiero, pues, que los hombres oren en todo lugar, levantando manos santas, sin ira ni contienda". 1 Timoteo 2.8

¿Cómo vencemos la ira o el enojo?

"32Mejor es el que tarda en airarse que el fuerte, el que domina su espíritu que el conquistador de una ciudad". Proverbios 16.32

¿Cómo pretendemos tomar la ciudad y las naciones para Jesús si no nos hemos conquistado, ni siquiera a nosotros mismos? Para conquistar la ciudad, primero tenemos que conquistar nuestro carácter; quitando de nosotros el celo, la envidia, la ira, las enemistades, las disensiones, el adulterio, la fornicación, los pleitos y el mal carácter en general. Para vivir en dominio y señorío, debemos primero enseñorearnos, gobernarnos y tener control de nosotros mismos; entonces, podremos conquistar, gobernar y tener dominio sobre la ciudad. El dominio propio o el dominio de uno mismo, es la corona del fruto del espíritu.

"7Si hicieras lo bueno, ¿no serías enaltecido?; pero si no lo haces, el pecado está a la puerta, acechando. Con todo, tú lo dominarás". Génesis 4.7

Paremos de echarle la culpa a otros por nuestros fracasos y derrotas, y empecemos a tomar responsabilidad por nuestros propios actos. A veces, damos excusas como ésta: "él me hizo enojar". Pero, la verdad es que usted decidió enojarse; no tuvo dominio propio y la ira lo controló.

Testimonio: Me enojaba mucho y le hice mucho daño a mis padres. Yo demostraba esta ira con palabras, no contra ellos, pero sí en contra de mí misma. Decía cosas tales como: "¡ojalá que me muera!". Los ojos se me ponían rojos, llegué hasta el punto de querer destruir mi cuerpo con tatuajes. Antes de que el Señor me rescatara, ya había hecho un plan en contra de mí misma. Decía: "voy a hacerme tatuajes y me voy a poner aretes en todo mi cuerpo". Hasta ahí llegó mi ira; pero el Señor me dijo: "no". Antes de que mi padre falleciera, yo recibí al Señor, (Él duró toda la vida orando para que yo me convirtiera). Mi mamá me llevó a la iglesia y yo le dije que no me había gustado, para no dar mi brazo a torcer. Pero en realidad, sí me agradaba, tanto que seguí yendo a la iglesia. Y es ahí cuando el Señor me fue liberando poco a poco del odio, del rencor y del rechazo. El Señor ha hecho cosas enormes en poco tiempo; Él ha ido sanando mi corazón. Yo era una niña buena físicamente, pero en el fondo, asesinaba con todo lo que sentía. Me estaba matando a mí misma, pues me deleitaba en hacerme daño. El diablo me decía: "mira que eres una basura, estúpida, que gorda, que fea, a ti nadie te quiere"; era como un tormento. Pero Jesucristo me limpió y me cambió... ¡JESÚS ES BUENO!

Testimonio: Al menor problema, tiraba las puertas. Hacía chillar las llantas de los carros, me peleaba con mis jefes, peleaba con todo el mundo; estaba amargada. Cuando me decían buenos días, yo respondía: ¿y qué tienen de buenos? Esa ira era causada por un trauma: fui molestada por mi padre. Esa situación me trajo rechazo a mi vida y muchas emociones embotelladas. Yo tenía falta de perdón y quería descargar eso contra alguien. Nunca estuve en las drogas, pero vivía dentro de una cárcel espiritual. Estaba amargada, triste, con mucha depresión. Mi mamá oró por mí durante cinco años; ella fue la primera que se convirtió. Cuando conocí al Señor, busqué ayuda y oré por un ministerio que me brindara liberación. Un día que hubo un concierto en la iglesia El Rey Jesús, averigüé lo que había que hacer para que me ministraran liberación y sanidad interior; y finalmente, conseguí todos los requisitos, dentro de los que se encontraba una carta del pastor de la iglesia donde yo me congregaba. Sin embargo, desde el primer día que estuve en esta iglesia, me recibieron con mucho amor; y después de la liberación, me siento otra persona. ¡Soy libre, soy feliz, estoy gozosa! Ahora me ven danzar en la iglesia, ahora puedo ayudar a otras personas. En tan poco tiempo, soy diaconisa y líder de célula. ¡Soy feliz! ¡Con Dios, todo se puede!

Testimonio: Yo no sabía sostener una conversación con alguien; era muy volátil, me peleaba con cualquiera. Si alguien me discutía, sentía deseos de coger un tubo y ponérselo en la cabeza.

"¡Le doy gracias a Dios porque el cuerpo lo tengo!". Mi problema fue causado desde la adolescencia cuando fui separado de mi mamá y mi papá, en el momento que tuve que ir becado a los 10 años (régimen de Cuba). Esto es como estar en cárceles (opinión personal). Allí se desarrolló en mí un sistema de defensa, el cual me hizo volver hombre antes de tiempo; quemé la etapa de la adolescencia muy rápido. Después, tuve que ir al ejército por dos años, que era peor, donde desarrollé un carácter violento que me dominaba hasta hace algún tiempo atrás. Un día dije que no podía vivir más así porque me estaba haciendo daño. Entonces asistí al retiro de nuevos convertidos, donde hablaron de la falta de perdón. Yo le pregunté a Dios: Padre, ¿a quién debo perdonar? Y me remonté a ese tiempo de la adolescencia, que fue una época muy dura. Fue ahí donde empecé a llorar y a llorar; aún le estoy entregando muchas áreas de mi vida a Dios, pero ahora me someto y sé controlar la ira. ¡Gracias a Dios!

¿Cómo vencer y desechar la ira?

1. Tome la decisión de desechar la ira. Renuncie a todo espíritu de ira.

   "[8]Deja la ira y desecha el enojo; no te excites en manera alguna a hacer lo malo..." Salmos 37.8

   Yo decido en mi corazón que la ira o el enojo no me van a controlar más. Yo decido ser tardo para hablar y tardo para airarme.

   "[31]...quítense de vosotros toda amargura, enojo, ira, gritería y maledicencia, y toda malicia". Efesios 4.31

   Biblia amplificada: *"quítense de vosotros toda amargura, indignación e ira, mal temperamento".*

   Nótese que, en los versos que hemos leído, se pone de manifiesto que Dios no quita la ira de nosotros si no tomamos la decisión de dejarla, de quitarla de nuestra vida. Depende de nosotros, que la ira se vaya o se quede en nuestros corazones.

2. Ceda sus derechos a Dios.

   Seguramente, han habido momentos en que lo han herido o lo han ofendido; y usted aún teniendo el derecho de defenderse, de contestar, no lo ha hecho. Algunas veces, el enemigo nos tentará con el derecho a usar la venganza como alternativa para responder a las ofensas. Ceda sus derechos de juzgar a aquel que juzgará justamente.

"14Bendecid a los que os persiguen; bendecid y no maldigáis.
15Gozaos con los que se gozan; llorad con los que lloran.
19No os venguéis vosotros mismos, amados míos, sino dejad
lugar a la ira de Dios, porque escrito está: «Mía es la
venganza, yo pagaré, dice el Señor»". 21No seas vencido de
lo malo, sino vence con el bien, el mal".
Romanos 12.14, 15, 19, 21

Así que esto es lo que tienes que hacer con aquellos que te ofenden, te hieren, te hacen mal, te están haciendo brujería, te están maldiciendo o criticando. Si tu enemigo tuviere hambre, dale de comer. Si tuviere sed, dale de beber; pues haciendo esto, ascuas de fuego amontonarás sobre su cabeza".

3. **Busque liberación y sanidad interior.**

Debido a los traumas y a las heridas del pasado, muchas personas tienen una ira almacenada y son una bomba caminando; les llaman "fosforito", porque en cualquier momento, explotan o se prenden en ira. Si usted ha estado airándose a menudo, o ha estado enojado durante mucho tiempo, le ha dado lugar a un espíritu de ira y necesita ser ministrado y liberado. La liberación es necesaria porque algunas veces, la ira en una persona, es un espíritu de ira y de violencia que opera en ella; el cual se ha practicado por mucho tiempo y se ha convertido en un hábito.

4. Desarrolle la mansedumbre.

La palabra mansedumbre, en el idioma griego, es *"praotes"*, que significa aquella disposición tranquila y equilibrada de espíritu, que mantiene las pasiones bajo control. Que una persona tenga mansedumbre, *"praotes"*, no significa que sea débil y tonta; al contrario, es una persona que posee la cualidad para perdonar, corregir las faltas, y gobernar su propio espíritu. Sí, es posible vencer la ira o el enojo. Simplemente, hay que buscar la solución o tomar la decisión de quitar la ira de nosotros. Ceda sus derechos de venganza a Dios. Busque liberación si es algo demoníaco. Desarrolle mansedumbre para gobernar su espíritu correctamente. No culpe más a la gente por sus fracasos. Tome la decisión, ahora mismo, de vivir libre de la ira o el enojo. Según las palabras de Jesús, la ira es como el pecado de asesinato.

Algunos principios importantes son los siguientes:

- La ira es causada por una indignación interna.
- La ira puede manifestarse de forma repentina, o puede guardarse en el corazón.
- La ira nos lleva a hacer locuras, nos trae pena, es contagiosa y provoca contienda.
- Jesús dijo que, la ira en el corazón en contra de alguien es equivalente a matar a esa persona.
- La Palabra nos habla de que podemos airarnos, pero no llegar hasta el punto de guardar la ira en el corazón o pecar.
- La mansedumbre es la virtud con la cual podemos vencer la ira, y aprender a ceder nuestros derechos.
- Busquemos liberación para que la ira salga de nuestra vida.

CAPÍTULO 5

CÓMO SER LIBRE DEL MIEDO O TEMOR

El miedo, el temor y la fobia son los enemigos más peligrosos del hombre; son las armas más efectivas que utiliza el enemigo para mantener a la humanidad esclavizada. A causa de este 'monstruo negro', hay personas en todas las naciones, sufriendo destrucción material, degradación moral y aniquilación espiritual.

Un miedo universal

El problema que más a menudo me es presentado por gente de toda nación, raza, color y sexo, es el miedo, siendo aplicado a cada área de las actividades humanas; como lo son las finanzas, la industria, el gobierno, la iglesia y otros. El miedo no respeta a ninguna persona, sea de la clase social que sea; este enemigo invisible ataca a niños, jóvenes, adultos, ancianos, hombres y mujeres en todo el mundo. Con la ayuda de la palabra de Dios, vamos a estudiar lo que es el miedo o temor y cómo podemos ser libres de él.

¿Qué es el miedo o temor?

El concepto de miedo viene del vocablo griego "*probos*", que significa aquello que provoca que una persona huya. Otro vocablo griego es la palabra "*deilia*", que significa cobardía, timidez, vergüenza. Estas dos palabras indican tener temor, tener espanto, sentir un miedo que nos causa querer huir, timidez, cobardía y vergüenza.

¿Quién es un cobarde?

Es la persona que tiene miedo o temor de actuar.

¿Quién es un valiente?

Es la persona que siente el miedo, pero actúa de todas maneras.

¿Cuál es la definición bíblica de miedo?

Según la palabra de Dios, el miedo es un espíritu malo, de espanto y terror que nos frena para actuar, y nos hace huir ante los desafíos de la vida. Junto con éste viene la intimidación, causando que actuemos con cobardía y vergüenza. Su meta final es esclavizarnos y castigarnos física, emocional y espiritualmente. En Romanos 8.15, dice: *"Pues no habéis recibido el espíritu de esclavitud"* y 2 Timoteo 1.7 dice: *"porque no nos ha dado Dios espíritu de cobardía"*.

Por otro lado, la definición bíblica de temor, es contraria a lo que todo el mundo piensa (que es una emoción negativa del hombre provocada por sí mismo). Las Escrituras son claras con respecto a que el miedo es un espíritu malo y que la forma de tratarlo es usando armas espirituales.

En resumen, lo que estamos diciendo es que, cuando el espíritu de miedo o temor opera en una persona, causa que ella huya de mayores responsabilidades, huya de la gente, de los desafíos que trae la vida y del éxito; hace que se sienta intimidada por el hombre, y que se acobarde ante las circunstancias de la vida, impidiendo que actúe. ¡El miedo esclaviza y paraliza!

EL MIEDO O TEMOR NOS IMPIDE ACTUAR

"[8] Pero los cobardes e incrédulos, los abominables y homicidas, los fornicarios y hechiceros, los idólatras y todos los mentirosos tendrán su parte en el lago que arde con fuego y azufre, que es la muerte segunda". Apocalipsis 21.8

Es interesante saber que la Palabra pone a los cobardes en la misma categoría de los incrédulos, los abominables y los homicidas. La pregunta es: ¿por qué lo hace de esta forma?

- Porque la palabra enseña que todo lo que no proviene de fe es pecado.

  "[23] Pero el que duda sobre lo que come, es condenado, porque no lo hace con fe; y todo lo que no proviene de fe, es pecado". Romanos 14.23

- Porque la fe sin obras es muerta.

  La fe sin una acción correspondiente, es muerta. El miedo o temor nos frena para actuar, por lo tanto, mata nuestra fe; y todo lo que no proviene de fe es pecado. Es, por esta razón, que los cobardes no entrarán al Reino de los cielos y serán castigados en el fuego eterno por no actuar.

  El cobarde es alguien que no actúa, que no hace las cosas por fe; no procede cuando tiene crisis, problemas difíciles de resolver o se encuentra en medio del peligro, al contrario, huye y no actúa por miedo. Aunque todos en algún momento nos hemos enfrentado con el miedo, éste no es el problema; el problema es no actuar.

Si no actuamos por causa del miedo, entonces pasamos a ser parte de la lista que habla el libro de Apocalipsis. Hay muchas personas que no han actuado frente al llamado, otros no han confrontado al peligro. Otros no actúan para salvar a su familia, negocio, u otros, porque tienen miedo. Pero si superamos nuestros miedos y actuamos en fe, estaremos haciendo una acción correspondiente.

Hay una expresión en inglés que dice: "Do it afraid" ("hazlo con miedo"). Aunque tengamos miedo de hacer algo, hagámoslo.

Ilustración: Los bomberos sienten miedo cada vez que se les presenta un incendio; sin embargo, tienen que correr hacia él para apagarlo mientras todo el mundo está corriendo para salvar su vida. Ellos actúan apagándolo.

¿Cuáles son los síntomas físicos y emocionales en una persona que siente miedo o temor?

A continuación, vamos a citar algunos síntomas que llegan a una persona cuando ésta le da cabida a pensamientos que causan miedo.

- El corazón comienza a latir más rápido.
- El cuerpo físico se estremece.
- Algunas veces, comienza un temblor en las piernas.
- Hay confusión mental.
- Se desarrolla un malestar en el estómago.
- Hay desánimo y frustración.
- Comienza a sufrir una preocupación constante en la mente, que después de un tiempo, se vuelve como una adicción,

hasta el punto en que llega a pensar que si no está preocupado, es porque algo anda mal.

Los neurólogos enseñan que la parte más baja del cerebro llamado tálamo, es el centro de las emociones, y es de allí, de donde salen los pensamientos de miedo que propagan los impulsos nerviosos que fabrican preocupaciones y fobias imaginarias. Los miedos o temores, mayormente, se basan en situaciones o cosas imaginarias e irreales. Éstas son producidas por el espíritu de miedo que ataca nuestros pensamientos con mentiras.

¿Cuál es la diferencia entre el temor de Dios y el miedo o temor del que hemos estado hablando?

El temor de Dios tiene que ver con el respeto, la reverencia, la precaución, y está basado en alguien real, Dios mismo. El miedo tiene que ver con tener espanto, pavor y fobia, no tiene nada que ver con la reverencia o el respeto a Dios ni a los demás.

¿Cómo entró el miedo al hombre?

El miedo entró al hombre por medio del pecado y la desobediencia de Adán y Eva.

"10Y él respondió: Oí tu voz en el huerto, y tuve miedo, porque estaba desnudo; y me escondí". Génesis 3.0

Cuando Adán desobedeció a Dios, abrió una puerta para que el espíritu de miedo entrara a gobernar su vida. Desde ese momento en adelante, todas sus decisiones las tomó bajo la influencia del espíritu de miedo o temor y no por temor o reverencia a Dios.

- Los doctores también dicen que, todo ser humano nace con dos tipos de miedos, los cuales son:
  - Miedo al ruido repentino
  - Miedo a que de repente le sea quitado el apoyo.

Todos los seres humanos de una manera u otra hemos sido atacados por algún tipo de miedo que nos hace acobardarnos, ser intimidados y que ha causado que huyamos cuando hemos enfrentado problemas en la vida.

¿Cuáles son los efectos negativos que el miedo o temor producen en una persona?

1. Todo lo que el hombre teme eso le viene.

   "[25]Porque el temor que me espantaba me ha venido, Y me ha acontecido lo que yo temía". Job 3.25

   ¿Cuál era el temor de Job?

   El temor o el miedo de Job era perder su familia y todos sus bienes. Aunque era un hombre temeroso de Dios, recto e íntegro, temía perder a sus hijos, temía perder a su familia, temía que sus hijos pecaran contra Dios, temía que sus hijos blasfemaran contra Dios, y por eso, hacía sacrificios todos los días.

   "[5]Y acontecía que habiendo pasado en turno los días del convite, Job enviaba y los santificaba, y se levantaba de mañana y ofrecía holocaustos conforme al número de todos

ellos. Porque decía Job: Quizá habrán pecado mis hijos, y habrán blasfemado contra Dios en sus corazones. De esta manera, hacía todos los días". Job 1.5

Esto dio lugar a que Job le abriera una puerta al enemigo para que destruyera toda su casa, hasta el punto que lo perdió todo (hijos, hijas, animales, casa, etcétera). Hoy día, hay un sinnúmero de personas a las que les ha sucedido lo mismo: lo que temían, eso les sobrevino. Es un principio bíblico establecido por Dios, que aquel que teme no tiene su fe ni su confianza en Dios, sino en lo que el enemigo puede hacer.

¿A qué le teme usted en este momento?
¿Teme perder su cónyuge?
¿Teme perder su negocio?
¿Teme perder su salud?
¿Tiene temor a morirse?
¿Tiene temor a quedarse solo?
¿Tiene temor a perder sus hijos?
¿Tiene temor a una enfermedad terminal?
¿Teme volverse loco?
¿Tiene temor a que le quiten el apoyo emocional y natural?

Si usted presenta alguno de los temores mencionados anteriormente, es mejor que se arrepienta, y busque ayuda para ser libre; porque de no ser así, lo que usted teme, eso le vendrá.

Lo opuesto del temor es la fe. Cuando la fe entra, el temor sale, y cuando el temor entra, la fe sale.

"30 Pero al ver el fuerte viento, tuvo miedo; y comenzando a hundirse, dio voces, diciendo: ¡Señor, sálvame!"
Mateo 14.30

¿Qué es la fe?

Es creer en todo aquello que Dios ha dicho y ha prometido en su Palabra. También, es creer en todo lo que Dios hace y va a hacer en nuestra vida; y esto se logra por medio de la fe.

¿Qué es temor?

Es creer en todo aquello que el diablo o el hombre puede hacer en contra de nosotros. Cuanto esto sucede, el siguiente paso es sentir temor, lo que a su vez, abrirá la puerta para que Satanás actúe en nuestra vida.

La fe y el temor son opuestos, de manera que entendamos que el temor está basado en algo que no es real, es imaginario. Sin embargo, la fe está basada en las promesas que Dios nos ha hecho en su Palabra; por lo tanto, la fe tiene algo concreto, sólido, algo que tiene sustancia y en qué basarse. ¿Por qué preocuparme por algo que es irreal e imaginario y que es producido por el temor? Nosotros debemos elegir de qué manera vivir: por fe o por temor. El temor da lugar a que el enemigo opere en nuestra vida. La fe es el medio por el cual nosotros agradamos a Dios y le quitamos al diablo el derecho sobre nuestra vida.

2. El temor nos conduce a mentir.

"7 Y los hombres de aquel lugar le preguntaron acerca de su mujer; y él respondió: Es mi hermana; porque tuvo miedo

de decir: Es mi mujer; pensando que tal vez los hombres del lugar lo matarían por causa de Rebeca, pues ella era de hermoso aspecto". Génesis 26.7

Algunas personas eligen mentir en una situación determinada. Por ejemplo, cuando están bajo presión o por miedo a ser rechazadas, a ser criticadas o mal entendidas, creen que la solución es mentir. Cuando nos da temor de que nuestros amigos piensen mal de nosotros, este miedo nos conduce a mentir. El miedo y la mentira siempre van juntos. Abraham tuvo miedo a que lo mataran, entonces optó por decir que Sarah era su hermana. Siempre el temor nos lleva a guardar el instinto de sobrevivir.

3. El miedo hace que las personas desfallezcan.

   "26...desfalleciendo los hombres por el temor y la expectación de las cosas que sobrevendrán en la tierra; porque las potencias de los cielos serán conmovidas". Lucas 21.26

   El miedo es un espíritu que va quitando las fuerzas físicas, emocionales y espirituales para debilitar a la persona, hasta llevarla a desfallecer. Son fuerzas negativas que hacen que la persona se desmotive de seguir adelante; produce deseos de morir, de no continuar viviendo.

4. El miedo o temor es la vía que el enemigo usa para detener la visión.

   "9Porque todos ellos nos amedrentaban, diciendo: Se debilitarán las manos de ellos en la obra, y no será terminada. Ahora, pues, oh Dios, fortalece tú mis manos". Nehemías 6.9

El enemigo envió profetas y mensajeros falsos para que Nehemías y el pueblo no continuaran edificando el muro de Jerusalén. Cada vez que tratamos de edificar algo para Dios, el espíritu de miedo vendrá a atacarnos.

¿Cuál debe ser nuestra respuesta ante el miedo o temor?

"[11]Entonces dije: ¿Un hombre como yo ha de huir? ¿Y quién, que fuera como yo, entraría al templo para salvarse la vida? No entraré". Nehemías 6.11

Nehemías dice: "el diablo me quiere traer miedo para que yo huya y deje de hacer la obra de Dios, pero yo no huiré".

"[14]Acuérdate, Dios mío, de Tobías y de Sanbalat, conforme a estas cosas que hicieron; también acuérdate de Noadías profetisa, y de los otros profetas que procuraban infundirme miedo". Nehemías 6.14

El miedo siempre viene a detener la visión que el Señor ha puesto en nuestras manos.

5. El espíritu de miedo o temor nos hace ver cosas que no son reales.

"[26]Y los discípulos, viéndole andar sobre el mar, se turbaron, diciendo: ¡Un fantasma! Y dieron voces de miedo". Mateo 14.26

Los discípulos creyeron una leyenda que existía en Israel: que si había alguien caminando sobre el agua a la cuarta vigilia de la noche, sería un fantasma, y la persona que viera ese fantasma debería morir. Por esto, los discípulos se turbaron cuando vieron a Jesús, pues pensaron que era un fantasma y que estaban imaginando cosas.

La persona que tiene miedo, continuamente se está imaginando cosas malas. Se imagina que está muerta, que tuvo un accidente; se imagina acostado en un hospital, se imagina con seres malos que lo ahorcan, se imagina que lo pierde todo de repente, etcétera. Todas estas cosas son imaginarias e irreales. Comience a usar su mente e imaginación en cosas lindas. Imagínese con su sanidad, con su liberación, teniendo éxito en su negocio y con todas las promesas que Dios nos ha regalado. Cada vez que tenga malos pensamientos, no medite en ellos, échelos fuera y piense en cosas buenas.

Ilustración: Anticipando lo peor

Cuando usted teme que lo peor está por pasar, lo que usted piensa, le ayudará a que esto que usted teme, se cumpla. Alguien escribió: "el temor es el uso equivocado de la imaginación. Es anticipar lo peor, y no lo mejor que puede pasar".

Ilustración: Un vendedor, que conducía por una calle solitaria y en una noche oscura y lluviosa, pasó un buen susto cuando sintió el estallido de una de las llantas de su automóvil. Se disponía a cambiarla, cuando al abrir el baúl, descubre que no tenía las herramientas que necesitaba. La luz que le llegaba de una finca, escasamente le permitía ver al final de la carretera. Empezó a caminar en dirección a ella, en medio de la lluvia. Él pensaba mientras caminaba, "seguro el agricultor debe tener las herramientas que necesito". "Claro, es muy tarde en la noche y seguramente el agricultor estará durmiendo en una cama calientita y seca. Tal vez, ni abra la puerta. Y si lo hace, hay una gran posibilidad de que se enoje por haberlo despertado en medio de la noche". El vendedor, con su ropa y zapatos completamente empapados, continuó caminando y pensando... "Si este hombre me abre la puerta, quizás me va a gritar algo como: "¿Qué le pasa a usted, tocando la puerta y despertándome a esta hora?" Este pensamiento enojó al vendedor y comenzó a pensar: "¿qué derecho tiene este hombre de negarme el uso de una herramienta? Al fin y al cabo aquí estoy, perdido y mojado hasta los huesos. ¿Quién se cree éste? ¡es un egoísta!" El vendedor por fin llegó a la finca y golpeó la puerta fuertemente. La luz se prendió y una ventana se abrió. Se escuchó una voz que decía: "¿Quién es?" Con su rostro ya reflejando rasgos de rabia, le contestó el vendedor: "Usted sabe muy bien quién es. ¡Soy yo! Y puede quedarse con su maldita herramienta. Ahora no se la pediré prestada así fuera la última en el mundo".

6. El miedo hace que los dones espirituales dados por Dios se apaguen.

"25...por lo cual tuve miedo, y fui y escondí tu talento en la tierra; aquí tienes lo que es tuyo". Mateo 25.25

El temor conduce a las personas a esconder el don, el talento y la gracia que Dios les ha dado, porque tienen miedo de usarlo y multiplicarlo. Hasta hoy día, hay un sinnúmero de personas que se han ido a la tumba con su potencial y su don sin explotar por causa del miedo. Lamentablemente, hay otras que, en este momento, también tienen grandes y maravillosos dones y talentos dados por Dios, tales como: el don de enseñar, de predicar, de cantar, de artes, de música, de administración, de liderazgo y otros. Pero no lo usan porque se sienten intimidados por lo que la gente pueda pensar de ellos. Tienen miedo a perder su reputación, pues están preocupados por los errores que puedan cometer en el proceso de desarrollar el don; se acobardan, se intimidan y tienen vergüenza de usar ese don. En este momento, esos dones están inertes, apagados, estancados y dormidos por causa del espíritu de temor.

Ejemplo – Timoteo sufrió de este temor.

"[6]Por lo cual te aconsejo que avives el fuego del don de Dios que está en ti por la imposición de mis manos. [7]Porque no nos ha dado Dios espíritu de cobardía, sino de poder, de amor y de dominio propio". 2 Timoteo 1.6, 7

7. El temor lleva castigo físico, emocional y espiritual.

"Porque el temor lleva en sí castigo".

"[18]En el amor no hay temor, sino que el perfecto amor echa fuera el temor; porque el temor lleva en sí castigo. De donde el que teme, no ha sido perfeccionado en el amor". 1 Juan 4.18

¿Qué tipo de castigo trae el temor?"

Castigos emocionales

- Depresión
- Culpabilidad

- Soledad
- Ansiedad
- Frustración
- Preocupación
- Desánimo
- Tensión
- Vergüenza

Castigos Físicos

- Enfermedades
- Insomnio
- Muerte
- Pérdida del apetito
- Destrucción
- Falta de fuerza física

Castigos Espirituales

- Opresión
- Frialdad espiritual
- Pérdida del deseo y hambre por Dios
- Ataques y pesadillas en el sueño
- Estancamiento espiritual

¿Cuál será el castigo de una persona que teme? El castigo será que le suceda lo que teme, ya sea física, emocional o espiritualmente.

8. El temor impide que el creyente reciba la identidad de hijo e hija.

"Pues el espíritu que ahora ha recibido, no es el espíritu de esclavitud para que lo ate de nuevo al temor, sino que ha

recibido el espíritu de adopción (el espíritu que produce la identidad de hijo) con deleite, en el cual clamamos: ¡Abba, padre!" Romanos 8.15 – Biblia amplificada

Hay muchísimos creyentes que no se sienten hijos de Dios ni de la casa donde se congregan, porque el temor no los deja. Siempre los ataca con pensamientos, tales como: "no sirves", "no perteneces", "ellos te desprecian", "eres inadecuado", etcétera; por tanto, algunos de ellos tienen temor a clamar ¡Abba Padre! a Dios. Le tienen todavía miedo a Dios, creen que Él los va a matar, los va a destruir o no los va a escuchar; debido a estos pensamientos, no pueden acercarse con confianza a su Padre Celestial. Por otra parte, hay otros que tienen vergüenza, se intimidan al ver a su padre espiritual aquí en la tierra, tienen vergüenza de hablarle, de acercarse, se acobardan; piensan que están molestando, que pueden equivocarse al hablar, y el miedo se interpone entre su padre espiritual y ellos, impidiéndoles desarrollar, con él, una relación cercana.

9. El temor lleva a esclavizar a la persona.

"[15]Pues no habéis recibido el espíritu de esclavitud para estar otra vez en temor..." Romanos 8.15

Cuando no se recibe el espíritu de adopción, entonces toma lugar el espíritu de miedo o esclavitud.

El miedo nos inhabilita, nos paraliza, no nos deja avanzar, esclaviza nuestras emociones, nuestra voluntad y nuestra mente. Las personas esclavizadas por el miedo, no pueden avanzar en el ministerio ni en los negocios, no pueden tener relaciones cercanas; son esclavas de la vergüenza. La timidez no les deja ser las personas que realmente son.

Viven esclavas del pasado, de las heridas, de los malos pensamientos, de los viejos patrones de conducta; se encuentran estancadas y cada vez que quieren lograr algo en la vida, el miedo no las deja.

10. El temor coloca lazo.

En el idioma hebreo, la palabra lazo no tiene el mismo significado que nosotros conocemos. La palabra lazo, da la idea de poner un anzuelo en la nariz, usado para controlar a un animal. Cuando al animal se le coloca un anillo o un anzuelo en la boca o en la nariz, puede ser fácilmente controlado, hasta por un niño.

En algunos países de oriente, este método era usado como medio para controlar y domesticar animales; y esto es, exactamente, lo que el enemigo hace con el miedo: dominar y controlar la mente para que la persona huya y para que no actúe frente a los desafíos de la vida. En este momento, existen muchas personas que están enlazadas por este anzuelo o garfio, que las tiene paralizadas en el área familiar, económica, en su carrera, en el ministerio y en los dones. El enemigo las tiene frenadas y controladas, dominándolas por medio del temor. Este tipo de personas nunca avanzan en el área espiritual, física ni emocional.

Podemos concluir ciertos puntos importantes sobre este tema:

- Lo que el hombre teme, eso le viene.
- El miedo o temor es lo opuesto de la fe; es tener fe en lo que el enemigo puede hacer.

- El miedo o temor hace que la gente desfallezca y mienta. Es el arma que el enemigo usa para detener la visión de Dios en su vida.

- El miedo o temor nos hace ver cosas que no son reales. Todo lo que produce el miedo en la mente de los hombres no es real.

- El miedo o temor hace que los dones se apaguen. También, lleva castigo y no permite que el creyente reciba el espíritu de adopción.

- El miedo o temor te hace huir y te frena de actuar en la vida.

- La meta final del miedo es esclavizar a las personas, física, emocional y espiritualmente.

CAPÍTULO 6

CUÁL ES EL ORIGEN, LA CAUSA O LA RAÍZ DEL TEMOR EN UNA PERSONA

"[14]Así que, por cuanto los hijos participaron de carne y sangre, él también participó de lo mismo, para destruir por medio de la muerte al que tenía el imperio de la muerte, esto es, al diablo, [15]y librar a todos los que por el temor de la muerte estaban durante toda la vida sujetos a servidumbre".
Hebreos 2.14, 15

Cuando leemos estos dos versos, nos damos cuenta que el diablo es el creador del miedo, y es a través de éste, que se sostiene todo su imperio. La mayor parte de las sectas y religiones falsas se rigen por medio del miedo, la manipulación y el control. Muchos de sus miembros, al darse cuenta de que están involucrados en algo falso, tratan de salirse o huir, pero son amenazados ellos y sus familias; y a causa de esto, les toca permanecer en esclavitud toda su vida.

El imperio de la muerte que el diablo rige, es sostenido por el miedo o temor.

El imperio del diablo antes de Cristo

El enemigo estaba en paz, y toda la humanidad estaba sometida bajo el miedo o temor. El enemigo hacía lo que quería, los esclavizaba, los manipulaba, los controlaba; porque él confiaba en sus armas, las cuales eran el temor y la mentira.

"[21]Cuando el hombre fuerte armado guarda su palacio, en paz está lo que posee. [22]Pero cuando viene otro más fuerte que él y

le vence, le quita todas sus armas en que confiaba, y reparte el botín". Lucas 11.21, 22

Cuando Jesús vino a esta tierra como un hombre, vivió por 33 años y medio, caminó en perfecta obediencia, fue a la cruz, murió y al tercer día resucitó. Por medio de la muerte, venció al diablo y sus demonios; destruyendo así al que tenía el imperio de la muerte.

"14...anulando el acta de los decretos que había contra nosotros, que nos era contraria, quitándola de en medio y clavándola en la cruz, 15y despojando a los principados y a las potestades, los exhibió públicamente, triunfando sobre ellos en la cruz". Colosenses 2.14, 15

La victoria de Jesús fue gloriosa sobre el enemigo; le quitó toda autoridad y lo destronó. La Escritura dice que el diablo tenía el imperio de la muerte, y este imperio operaba por medio del miedo y la mentira. Pero Jesús lo venció a través de su muerte en la cruz del Calvario, y le quitó las llaves de la muerte y del Hades para hacer a la humanidad libre del temor.

"17Cuando le vi, caí como muerto a sus pies. Y él puso su diestra sobre mí, diciéndome: No temas; yo soy el primero y el último; 18y el que vivo, y estuve muerto; mas he aquí que vivo por los siglos de los siglos, amén. Y tengo las llaves de la muerte y del Hades". Apocalipsis 1.17, 18

¿Qué hizo Jesús después que derrotó al que tenía el imperio de la muerte?

"15...y librar a todos los que por el temor de la muerte estaban durante toda la vida sujetos a servidumbre". Hebreos 2.15

La raíz principal de cualquier tipo de miedo o temor es el temor a la muerte.

Es por medio del temor a la muerte que todo hombre y mujer, adulto, joven y anciano, que no conoce a Jesús, está atado por el diablo. Además, hay creyentes que, por la ignorancia de la Palabra, aún no han sido libres y siguen atados por el temor.

¡Qué triste es pensar que un ser humano esté atado toda una vida, y que por causa del temor, esté sujeto a servidumbre! Lamentablemente, ésta es la condición del mundo hoy día.

¿Qué buenas noticias hay para ellos? Que Jesús murió por ellos y destruyó al diablo, quien tenía autoridad sobre el imperio de la muerte, que se sostenía y se sostiene (para aquellos que no han creído en Jesús) a través del miedo. Jesús le quitó las llaves del Hades y de la muerte, y ahora todo aquel que cree en Jesús y recibe los beneficios de su muerte y resurrección, puede ser libre del temor al instante.

"Y también, para que Él pudiera desatar y liberar por completo, a todos aquellos que habían estado atados a lo largo de toda su vida a causa del temor de la muerte que los rondaba". Hebreos 2.15 (Biblia amplificada)

La raíz del temor es el temor a la muerte

Cuando una persona siente miedo en algún área de su vida, la raíz principal de ese temor, es siempre el temor a la muerte. Por ejemplo, el temor a tener un accidente, el cual muchas personas manifiestan, es en realidad, el temor a las consecuencias que dicho accidente pueda ocasionarles, tales como: parálisis o muerte. Alguien que teme ser rechazado por la gente, tiende a esconderse porque no quiere exponerse al dolor de sentir el rechazo, porque eso conlleva la muerte de su ego.

"10No temas en nada lo que vas a padecer. He aquí, el diablo echará a algunos de vosotros en la cárcel, para que seáis probados, y tendréis tribulación por diez días. Sé fiel hasta la muerte, y yo te daré la corona de la vida". Apocalipsis 2.10

Cuando alguien siente temor de perder a su cónyuge, su casa, su negocio o su salud, lo que está detrás de esto es: la inseguridad del mañana o el temor a lo que va a decir la gente. Dicen: "Si yo me muero, que será de mis hijos", "si me divorcio, no podré sobrevivir", "si pierdo mi negocio, me quedaré en la calle". Hay un temor a la muerte física y a lo que sucederá después, al qué dirán y a perder la reputación. "Mi ego será ofendido, y yo no quiero pasar vergüenza".

¿Por qué una persona tiene miedo a moverse en lo sobrenatural y a ministrar en los dones?

Por temor a equivocarse, temor a lo que la gente diga, temor a perder su reputación. No queremos que nadie piense mal de nosotros, porque nos dolería el ego, y no queremos morir a él. Algunas veces, puede más el miedo que el amor a la gente. Cuando tenemos miedo de ser atacados, destruidos o quedarnos solos y sin apoyo, debemos recordar que la raíz principal de todo esto, es el temor a la muerte física o de nuestro ego.

¿Cómo vencer el temor a la muerte física, y el temor a la muerte de nuestro ego?

- Tenemos que morir a nuestra vieja manera de vivir o nuestro ego.

"24De cierto, de cierto os digo, que si el grano de trigo no cae en la tierra y muere, queda solo; pero si muere, lleva mucho fruto". Juan 12.24

Tenemos que tomar una decisión de morir a nuestro viejo hombre para que podamos dar fruto, tal como la semilla de un árbol que cae en tierra: debe morir primero para luego dar vida al árbol y a sus frutos. Debemos contribuir, activamente, para que muera la preocupación a la reputación y al intento de que nuestro viejo hombre sobreviva.

- Entregar todo a Jesús haciendo un intercambio de vidas.

"25El que ama su vida, la perderá; y el que aborrece su vida en este mundo, para vida eterna la guardará". Juan 12.25

El Señor nos dice que el miedo o el temor tiene su raíz en el miedo a perder la vida temporal en esta tierra, (la vida baja del viejo hombre). Jesús nos dice: "si quieres ganar la vida 'zoe', la vida abundante que Yo tengo para ti, sin miedo y sin temor, entonces tienes que entregarme toda tu vida vieja, y todo lo que está a su alrededor. Toda esa vida temporal aquí en la tierra, ¡entrégamela, dámela!"

Por ejemplo:

Entrégame tu reputación, entrégame tus bienes, tu dinero, tu salud, tu familia, tus hijos, tu futuro. Entrégame todo aquello que le tengas miedo a perder aquí en esta tierra, aun tu trabajo. Cuando me lo des todo, entonces, podrás descansar en mí. Yo te doy la vida eterna, la vida abundante en la cual ya no sentirás temor.

Cuando el diablo venga y le ataque diciendo: "yo te voy a quitar la vida", usted le dirá: "mi vida le pertenece a Jesús". Si le dice: "voy a destruir tus hijos," usted le dirá: "ya le entregué mis hijos a Jesús, y en él, no los puedes tocar". Cuando le diga: "la gente te va a criticar, te van a rechazar", usted le dirá: "yo, ya estoy muerto a la crítica y al rechazo porque esa era mi vida vieja y ya se la entregué al Señor, por lo tanto, la crítica no me puede detener".

Si usted ha muerto a su vida temporal, a su vida vieja, esto es, al viejo hombre, entonces entréguele casa, propiedades, salud, familia, negocios, trabajo, dinero, todo cuanto crea poseer, y confíe en Dios... que Él es quien le guarda y le cuida, y sobre todo, está con usted bajo cualquier circunstancia.

"El que ame su vida la perderá, pero si alguien odia su vida en este mundo la mantendrá por la eternidad (el que no ama ni le concierne, ni se preocupa por su vida aquí en la tierra sino más bien la desprecia, preserva su vida por siempre y para siempre". Juan 12.25 (Biblia amplificada)

Ya no nos podemos preocupar, ni podemos amar nuestra vieja manera de vivir. Tenemos que llegar al punto de despreciar el ego que mora en nuestro interior, odiar esa vida donde prevalece el hombre carnal y no tiene lugar el hombre espiritual. Debemos amar la vida nueva en Cristo. ¡Debe haber un intercambio de vidas! Nosotros le damos nuestra vida vieja y Él nos da una vida nueva.

Recuerde que la raíz de todo temor, consiste en el miedo a la muerte física o a la muerte del ego. Pero si le damos a

Dios todo aquello que tememos perder, entonces ya estaremos confiados en Dios y no temeremos.

Ilustración: En el último viaje misionero que hice al país de Honduras, mi equipo y yo fuimos asaltados. Me pusieron una pistola en la cabeza por casi 45 minutos; tiempo suficiente para probar si tenía o no miedo a la muerte. Reconozco que por un momento, sí pasaron muchos pensamientos por mi cabeza (mis hijos, mi esposa, la iglesia, etcétera), pero inmediatamente comencé a orar en el espíritu, y supe en mi corazón que no era el tiempo para morir. Continué orando, mientras los ladrones le robaban las joyas y el dinero a todo el grupo y una paz vino a mi corazón, la cual me llevó a la siguiente conclusión: "si es mi tiempo, muero con Jesús, voy al cielo, y Dios cuida de mi familia. Si no es mi tiempo, nada me va a pasar. Señor, te entrego toda mi vida y reconozco que tú tienes el control de todo". Finalmente, todos salimos ilesos, no hubo pérdidas humanas, sólo algunas cosas materiales que se pueden recuperar. ¡Dios nos guardó y nos protegió! Ahora, después de haber vivido esta experiencia, no tengo miedo de ir a cualquier lugar del mundo donde Dios me envíe, aunque sea peligroso. Yo entendí que mi vida se la entregué a Dios, y por esto, no me importa morir. Cuando usted tome la decisión de entregar toda su vida vieja y temporal (actual) a Dios, entonces en el momento de la prueba, ya su corazón estará preparado y no tendrá temor.

¿Cuáles son los tipos de miedos, temores o fobias más comunes en la gente?

- Temor a la muerte
- Miedo a enfermarse

- Fobia a la oscuridad
- Miedo al diablo y sus demonios
- Temor a lo desconocido
- Temor a la gente y a ser rechazado por la gente
- Temor a estar solo
- Temor a mayores responsabilidades
- Miedo a hablar en público
- Temor a una enfermedad terminal
- Miedo a los accidentes
- Miedo a fracasar
- Temor a divorciarse
- Temor a perder todo en la vida
- Temor al futuro
- Fobia a los animales e insectos
- Fobia al agua y al fuego
- Temor a blasfemar en contra de Dios
- Temor a caer en pecado y nunca volverse a levantar y así perderlo todo
- Fobia a las alturas
- Temor a la autoridad

Hay una enorme cantidad de miedos, temores o fobias, pero las mencionadas anteriormente son las más comunes. Debemos saber y entender que Dios nos libra de todo temor. Una promesa de Dios poderosa para nosotros es la que está escrita en el Salmo 34.4

"[4]Busqué a Jehová, y él me oyó, y me libró de todos mis temores".

¿Cómo atacan estos diferentes tipos de miedos, temores o fobias?

1. Ataques físicos

   Hay un sinnúmero de personas que viven en angustia porque temen enfrentarse a enfermedades, como el cáncer, el Sida y otras de alta gravedad. Gastan millones de dólares tratando de prevenir enfermedades de las cuales ni siquiera están enfermos realmente. Eventualmente, cuando viven en ese miedo por tantos años, le abren la puerta a un espíritu de enfermedad, y entonces, sí se enferman. Prueba de esto son los avances médicos que han descubierto que el miedo puede causar úlceras en el estómago, insomnio, ataques de nervios, de pánico, depresión, y pueden también, contribuir a la hipertensión.

2. Ataques mentales

   La mente del hombre es el campo de batalla, donde el enemigo envía todos los pensamientos de temor. Usted y yo sabemos que es imposible "sentir pensamientos". Pero sí, se llegan a sentir los cambios físicos causados por un pensamiento que afecta nuestras emociones y voluntad; y aun nos causan otros efectos menos visibles en todo nuestro ser.

¿Qué hacer cuando usted es atacado por el enemigo con pensamientos de miedo?

"5...derribando argumentos y toda altivez que se levanta contra el conocimiento de Dios, y llevando cautivo todo pensamiento a la obediencia a Cristo..." 2 Corintios 10.5

En el momento que llegue el pensamiento a su mente, diga: "Padre Celestial, yo reprendo todo temor y llevo cautivo todo pensamiento a la obediencia de Cristo". No juegue, no entretenga esos malos pensamientos; repréndalos con su boca, por la palabra de Dios, y cúbrase con la sangre de Jesús. La Palabra de Dios nos manda a tener una mente equilibrada, disciplinada y controlada.

"Porque Dios no nos ha dado un espíritu de timidez (de cobardía, de cobarde, ni del temor que encoge y retrae), más bien, Él nos ha dado un espíritu de poder, amor, y de una mente calmada, balanceada, disciplinada y controlada".
2 Timoteo 1.7 (Biblia amplificada)

Testimonio: Yo sentía mucho miedo, no podía ir ni a la cocina de mi casa. Tenía que dormir con las luces encendidas porque sentía que venían como demonios encima de mí. Pero, para la gloria de Dios, mi liberación comenzó desde que empecé a leer el libro de Sanidad Interior y Liberación, y terminó hasta que alguien me ministró personalmente.

Otro problema que yo tenía era la baja autoestima. Debido a que mi padre abandonó a mi mamá cuando ella quedó embarazada de mí, sentía que no valía nada; pero ahora me siento bien. El Señor me regaló un pastor que lo siento como mi padre, y cada vez que el enemigo me quiere atacar, me pongo en la brecha y me siento toda una guerrera de Dios. ¡No le temo a Satanás, pues soy libre de todo temor!

Testimonio: Yo padecía de miedo. Después de una situación familiar, el miedo me acompañaba permanentemente; pero, cuando estuve leyendo el libro de Sanidad Interior y Liberación, dije: "Señor, ¿cuándo será el día que tenga la oportunidad de que me hagan la liberación individual?", porque por el cuestionario, me di cuenta que la necesitaba. Después, en un servicio de oración de la madrugada, la persona que lo estaba dirigiendo dijo que a las 6:30 am iba a haber un milagro; en ese momento, yo estaba postrada en un rincón, humillada ante Dios y fue cuando sentí algo dentro de mi ser y fui libre. ¡Gloria a Dios por eso!

Testimonio: Yo le tenía miedo a la soledad. Siempre estaba buscando personas que me acompañaran, sin importar qué personas fueran, sólo quería compañía. Sentía miedo de llegar a la casa sola; me ponía a llorar, a hablar por teléfono, a contarle al uno y al otro que estaba sola, que ya no podía vivir con esto. No sabía qué hacer para llenar el vacío que tenía. No me gustaban las fechas especiales como las navidades, porque era un motivo más para sentirme sola y llorar todo el tiempo. Estas fechas me afectaban mucho porque me producían mucho temor a estar sola (aunque no estaba sola, pero el diablo me hacía sentir de esa manera para dañar mi vida y la de todos los que me rodeaban). Por eso, me daban ganas de tomar licor, sentía mucha ansiedad y bebía hasta dormirme y arruinar el día siguiente, porque no podía pararme de la cama. Yo había escuchado hablar de Dios, pero no había tenido ninguna relación con Él. Alguien me invitó a la iglesia, pero en esa iglesia no creían en la liberación, entonces prácticamente seguía en lo mismo. Hasta que un día tuve la oportunidad de viajar a Miami y allí encontré la iglesia El Rey Jesús, donde me liberaron; y ahora mi vida es diferente, me siento libre y contenta. Ahora tengo un amigo, un esposo, un padre y todo lo que yo andaba buscando: Jesús de Nazaret. Ahora no me siento sola ni necesito de más compañías que sólo servían de piedra de tropiezo para conocer a Jesús.

¿Cómo ser libre del miedo o temor?

Ésta es la parte más importante de todo el tema que debemos conocer: Cómo podemos ser libres del miedo o temor de cualquier tipo. Con la ayuda del Señor, lo haremos paso por paso.

1. Viviendo y caminando en un amor maduro, con poder y dominio propio (o mente lúcida).

   ¡No hay temor en el amor (el pavor o el terror no existen) sólo el amor completo, perfecto y maduro, puede echar el temor fuera de las puertas y expulsar todo rasgo de terror! pues el temor trae consigo el pensamiento de castigo. Entonces, aquel que siente temor no ha alcanzado la completa madurez del amor (todavía no ha crecido a la completa perfección del amor)". 1 Juan 4.18 (Biblia amplificada)

   "El perfecto amor, o el amor que es completamente maduro, perfecto, completo, hecha fuera el temor y expulsa todo rasgo de temor".

   Todo aquel que no ha madurado no ha sido perfeccionado en el amor. Aún tiene temor en su corazón, todavía no ha intercambiado completamente su vida vieja con la vida nueva de Jesús. El que no camina en completo y maduro amor, todavía no ha confiado toda su vida a Dios. El confiar y tener una revelación del amor del Padre hacia nosotros, nos lleva a confiar en Él; de tal manera que entendemos que a pesar de cualquier situación, estamos seguros en Sus manos. Si morimos, para Él morimos, y si vivimos, para Él vivimos. Si perdiéramos todo lo terrenal, estamos en sus manos y Él tiene cuidado de nosotros. El amor todo lo cree, todo lo soporta, todo lo espera, todo lo sufre, y sobre todo, confía en el amor de su Dios. El andar en amor es una decisión basada en un mandamiento, una orden, y no en sentimientos.

- Un espíritu de amor

"[6]Por lo cual te aconsejo que avives el fuego del don de Dios que está en ti por la imposición de mis manos". 2 Timoteo 1.6

¿Cómo el amor vence al miedo?

El verdadero amor es aquel que lo da todo y no espera nada a cambio, es un compromiso sin egoísmo con la persona a la cual se ama.

Ilustración: Si un hombre entra a su casa con una pistola, obviamente, usted va a sentir temor. Si, a esto, le agregamos que su hijo está presente, entonces, piense por un momento, ¿cuál sería su reacción? Protegerlo a toda costa, sin importarle su propia vida, claro está. Se pondría enfrente de él para que el hombre le dispare a usted en vez de que le dispare a su hijo. Esta reacción es natural en cualquier padre o madre debido al amor que siente por su hijo.

El amor tiene que ver con otros, pero el temor tiene que ver con nosotros mismos. Si amamos de verdad, estaremos dispuestos a dar nuestra vida en lugar de la otra persona, a tomar cualquier riesgo por amor, como en el caso anterior; pero si no es así, recordemos que la raíz del temor es el egoísmo. Cuando Dios nos da una palabra para otra persona, pero no se la decimos por vergüenza, por temor a equivocarnos o por temor al qué dirán, nos convertimos en egoístas, porque estamos pensando en nosotros mismos cuando protegemos nuestra imagen; pero si nos arriesgamos por amor a esa persona, estaremos caminando en amor y no en temor.

- Un espíritu de poder

"8...pero recibiréis poder, cuando haya venido sobre vosotros el Espíritu Santo, y me seréis testigos en Jerusalén, en toda Judea, en Samaria, y hasta lo último de la tierra". Hechos 1.8

Cuando usted sabe que tiene poder en Jesús, entonces puede vencer el temor.

Ilustración: Si una persona entra a su casa con un cuchillo y usted no tiene ningún arma, seguramente sentirá miedo; pero si, en cambio, usted tiene una pistola en la mano, ¿sentiría miedo? No, porque siendo así, usted es quien tiene el poder. Así mismo sucede en lo espiritual; no deberíamos tener miedo, ya que sabemos que Dios nos ha dado su poder a través de la llenura de su Espíritu Santo en nuestras vidas. Entonces, ¿por qué seguimos teniendo temor de actuar?

- Un espíritu de dominio propio

En algunas traducciones bíblicas, la expresión "dominio propio", aparece como "mente lúcida". Algo que debemos tener claro es que, de la misma manera que la fe comienza en la mente, así también el temor empieza en la mente. Cuando una persona tiene una mente lúcida, que piensa con cordura, juicio y sabiduría, no deja que la preocupación y el temor entren a su vida. El fijar nuestra mente en Dios y su Palabra, nos ayuda a vencer el temor.

"[3]Tú guardarás en completa paz a aquel cuyo pensamiento en ti persevera; porque en ti ha confiado". Isaías 26.3

Las personas provocan el miedo cuando entretienen pensamientos de preocupación, ansiedad y angustia, debido a que éstos afectan sus emociones y debilitan su voluntad; llevándolas a una parálisis que evita que puedan actuar, libremente, en la vida.

"[17]Así que la fe es por el oír, y el oír, por la palabra de Dios". Romanos 10.17

2. Teniendo la revelación de que Dios está con nosotros todos los días de nuestra vida.

"[10]No temas, porque yo estoy contigo; no desmayes, porque yo soy tu Dios que te esfuerzo; siempre te ayudaré, siempre te sustentaré con la diestra de mi justicia". Isaías 41.10

Hay más de 365 versos bíblicos para cada día, que nos dicen: "no temáis porque Dios está con nosotros". Quizás no lo veamos físicamente, pero Él está a nuestro lado, más allá de nuestros ojos físicos. Cuando estamos en problemas, Él está allí; cuando estamos pasando por desiertos en nuestra vida, Él está allí. Cuando el negocio no anda bien, Él está allí; cuando el temor nos ataca, Él está allí; cuando todo el mundo nos deja, Él está allí.

"[20]Y he aquí yo estoy con vosotros todos los días, hasta el fin del mundo". Mateo 28.20

"[6]...de manera que podemos decir confiadamente: El Señor es mi ayudador; no temeré lo que me pueda hacer el hombre". Hebreos 13.6

Dios nos ha prometido estar con nosotros todos los días de nuestra vida. Lo único que tenemos que hacer es confiar y creer esa palabra. Si así lo hacemos, estaremos seguros para siempre.

3. Renuncie a todo espíritu de miedo, cobardía y timidez.

Es mi deseo guiarlo, en este momento, en una oración de autoliberación; después de la cual, si cree con todo su corazón, será libre. Recuerde que Jesús destruyó al que tenía derecho sobre el imperio de la muerte, para que usted fuera completamente libre de toda opresión y atadura, creados por el espíritu de miedo o temor. Crea con todo su corazón, que será libre de cualquier temor a la oscuridad, al fracaso, a la gente, a enfermarse, a perderlo todo, etcétera. Por lo tanto, repita esta oración en voz alta:

Oración de autoliberación

"Padre Celestial, yo renuncio a todo espíritu de temor, de miedo, de cobardía, de timidez, y de temor a la muerte. Ahora mismo, en el nombre de Jesús, ordeno a todo espíritu de miedo que salga de mi vida. Ahora mismo, en el nombre de Jesús, y por el poder de Su sangre, me declaro libre".

Ahora, respire profundo. Nuevamente, respire profundo y vuelva a hacer la oración hasta que usted sepa o sienta que Dios lo hizo libre.

Hay personas que van a sentir mareos, otros van a sentir deseos de vomitar, otros van a sentir como que algo se va de su cuerpo. Cada vez que esto ocurra, respire profundo. Si por alguna razón usted no fue totalmente libre en su autoliberación, entonces busque la ayuda de un ministro de liberación que pueda orar por usted.

4. Busque liberación con un liberador o ministro.

   Algunas veces, las personas tienen problemas muy profundos, los cuales tienen que ser tratados cuidadosamente. Para ello, tiene que buscarse la raíz del problema, la cual se encuentra por medio de los dones del Espíritu Santo y por revelación divina. Entonces, como lo mencionamos anteriormente, hay que contar con la ayuda de una persona que esté adiestrada en la liberación.

5. Medite en los versos bíblicos que le hablan de cómo ser libre del temor.

   "7No tendrá temor de malas noticias; su corazón está firme, confiado en Jehová". Salmo 112.7

   "6Esforzaos y cobrad ánimo; no temáis, ni tengáis miedo de ellos, porque Jehová tu Dios es el que va contigo; no te dejará, ni te desamparará". Deuteronomio 31.6

"[1]Jehová es mi luz y mi salvación; ¿de quién temeré? Jehová es la fortaleza de mi vida; ¿de quién he de atemorizarme?" Salmo 27.1

6. Confronte y resista al enemigo.

"[7]... resistid al diablo, y huirá de vosotros". Santiago 4.7

La palabra **huir**, en algunas traducciones, es puesta como temor, temblor y terror. Si usted resiste al enemigo, él huirá con terror y temblor de su vida. El enemigo es un cobarde, y todo su ser está lleno de temor; dondequiera que se encuentre, siente miedo, por lo tanto, nosotros, en el nombre de Jesús, lo vamos a resistir y él va a huir.

Algunos principios importantes acerca del miedo o temor.

- El imperio de la muerte está sostenido por el temor.
- Jesús destruyó el imperio de la muerte y venció al enemigo.
- La raíz principal del temor consiste en el temor a la muerte.
- Para vencer el temor a la muerte física y al ego, tenemos que morir al ego y entregar nuestra vida vieja, para recibir la nueva de Jesús. Tenemos que entregarle todo al Señor.
- Hay un sinnúmero de miedos, temores o fobias, pero de todas ellas, nos liberó Dios.

- Cuando seamos atacados por el miedo en nuestra mente, tenemos que, inmediatamente, llevar cautivo todo pensamiento a la obediencia de Jesús.

- Para vencer el miedo, el arma número uno es andar en perfecto amor.

- Debemos tener la revelación de que Dios está con nosotros todos los días de nuestra vida.

- Usted mismo puede ser libre del temor, renunciando a este espíritu.

- Si usted desea una liberación más profunda, busque un ministro o liberador.

- Medite en la palabra de Dios.

- Resista y confronte al miedo y él huirá con mucho temblor y terror. El enemigo está lleno de cobardía y temor, todo su ser está lleno de miedo; por eso, si usted lo resiste en el nombre de Jesús y por el poder de su sangre, él huirá de usted.

CAPÍTULO 7

LA BATALLA DE LA MENTE Y LA INMORALIDAD SEXUAL

De este tópico, casi no se habla en la iglesia ni en la familia; aunque sabemos que hay mucha necesidad de saber acerca de él. La inmoralidad sexual incluye: masturbación, homosexualidad, promiscuidad por elección, incesto, abuso, adulterio, fornicación, bestialismo, fantasías sexuales, pornografía y programas de televisión obscenos. Todos estos actos conducen a las personas a ser tentadas y a desgastar su resistencia a la tentación que ellos representan. Son actos ilícitos que están destruyendo los hogares, sometiendo tanto a niños como a adultos, y por consiguiente, a naciones enteras.

LA INMORALIDAD SEXUAL ES UNA ACTITUD DEL CORAZÓN

De acuerdo a lo que Jesús enseña, la impureza sexual comienza antes de actuar en la inmoralidad; crece en actitudes del corazón.

"[27]Oísteis que fue dicho: "No cometerás adulterio". [28]Pero yo os digo que cualquiera que mira a una mujer para codiciarla, ya adulteró con ella en su corazón". Mateo 5.27, 28

Cada uno de nosotros, quizás, haya sentido o sienta deseos de actuar de una forma inmoral; pero no ha tenido la oportunidad de cumplir esos deseos. Sin embargo, el acto de entretener pensamientos y deseos sucios es tan pecado como si se actuara en ellos. Ahora, refiriéndonos a hechos, una vez que el acto físico ha sido cometido, resulta en una ligadura del alma; y esto es más profundo de lo que algunas personas piensan. Por eso, Pablo dice:

"16¿O no sabéis que el que se une con una ramera, es un cuerpo con ella?, porque ¿no dice la Escritura: «Los dos serán una sola carne»?" 1 Corintios 6.16

Cuando se lleva a cabo el acto, no solamente se hace una ligadura en el alma, sino también, se vuelve una sola carne con la otra persona; y todos los espíritus e influencias malas que esa persona tenga, pasan a la otra y viceversa. Lo más tremendo de todo esto es, que hay muchos cónyuges, ya sea el hombre o la mujer, que traen la contaminación a su casa y a su familia; y de esta forma, todos son influenciados por estos espíritus. Por esto, es necesario que alguien que haya cometido adulterio, fornicación o cualquier otro acto inmoral, sea ministrado en liberación y sanidad interior. El apóstol Pablo es tan estricto con la inmoralidad sexual que le habló a los efesios de una manera fuerte al referirse a este tema.

"3Pero fornicación y toda impureza o avaricia, ni aun se nombre entre vosotros, como conviene a santos". Efesios 5.3

Conozco casos en los cuales una persona ha caído en un pecado sexual; los pastores y líderes la disciplinan, (y eso es correcto), pero no le ministran liberación. (Esto, es como quitar la telaraña, pero no la araña). Luego, restauran a la persona a la posición que ocupaba antes en la iglesia, pero tiempo después, inevitablemente, vuelve a caer. La razón es que nunca fue libre de la raíz de su problema. Se debe ministrar una liberación profunda en este tipo de casos.

¿Cómo comienza la mayor parte de los pecados sexuales?

Ningún hombre decide un día, de un momento a otro, cometer adulterio con la esposa de otro hombre, la secretaria, la consejera, la pianista, el líder de alabanza o quien sea. Primero, hay que sembrar algo, para que dé fruto; ya sea de forma positiva o, como en este caso, de forma negativa. Todos los pecados sexuales empiezan con la siembra de una semilla en la mente, en forma de mal pensamiento. A veces, parece ser una acción muy inocente y amable; pero, lo que empezó bien puede terminar mal si no es dirigido correctamente. Jesús habló en una de sus parábolas acerca de un hombre que sembró una semilla en su campo. La semilla creció, pero juntamente con ella, también creció la cizaña. Cuando el hombre preguntó cómo había sucedido esto, él le contestó: "el enemigo sembró la mala semilla durante la noche".

"25...pero mientras dormían los hombres, vino su enemigo y sembró cizaña entre el trigo, y se fue. 26Cuando brotó la hierba y dio fruto, entonces apareció también la cizaña". Mateo 13.25, 26

Esto es una tipología de que el enemigo o el diablo siembra un pensamiento cuando la persona está en el momento de mayor vulnerabilidad, debilidad, flaqueza, de mala relación con su cónyuge; cuando se siente sola, cuando necesita apoyo emocional y no lo está recibiendo en la casa. La noche representa el momento de mayor vulnerabilidad, y es cuando el enemigo pone el mal pensamiento en forma de semilla. Esta semilla empieza a crecer, juntamente con la semilla buena; y de repente, una mirada de la persona, un toque físico, una palabra de ánimo, un halago va a activar el deseo carnal y sensual de actuar. En ese momento, debemos estar atentos a lo que el Espíritu Santo nos habla y nos advierte.

Jesús dijo lo siguiente en Mateo 5.27, 28

"28 Pero yo os digo que cualquiera que mira a una mujer para codiciarla, ya adulteró con ella en su corazón".

Si un hombre o una mujer, deliberadamente, medita y se imagina en una situación de adulterio, hasta el punto de visualizar la acción y el sentimiento del deseo sexual con una persona en particular, aunque el pecado exterior o físico no se haya cometido, el pecado de inmoralidad tomó lugar en su corazón. Ya sea por medio de un beso deliberado, en visualizaciones, fantasías sexuales, imaginaciones o una meditación voluntaria en esos pensamientos sexuales. La otra manera en que Jesús nos ilustra una verdad o un principio, es la siguiente: el comienzo se da con **una semilla sembrada en la mente en forma de mal pensamiento**. Esto es tan peligroso como un gran árbol plantado; porque si el pensamiento no se rechaza, la semilla crecerá, y eventualmente, se recogerá la cosecha, que será las grandes consecuencias del pecado. No es pecado ser tentado con pensamientos sexuales, lo que es pecado es entretener este tipo de pensamientos que nos provocan malos deseos. No podemos evitar que los pájaros vuelen sobre nuestra cabeza, pero sí podemos evitar que hagan nido y pongan sus huevos en nuestra mente. A estos malos pensamientos, la palabra de Dios le llama huevos de áspid, que son sembrados en nuestras mentes por el enemigo (si se lo permitimos).

"[5]Incuban huevos de áspides, y tejen telas de arañas; el que comiere de sus huevos, morirá; y si los apretaren, saldrán víboras". Isaías 59.5

¿Qué se puede hacer para evitar o vencer los malos pensamientos?

"[12]Bienaventurado el hombre que soporta la tentación, porque cuando haya resistido la prueba, recibirá la corona de vida que Dios ha prometido a los que lo aman. [13]Cuando alguno es tentado no diga que es tentado de parte de Dios, porque Dios no puede ser tentado por el mal ni él tienta a nadie; [14]sino que cada uno es tentado, cuando de su propia pasión es atraído y seducido". Santiago 1.12-14

Ciclo de la tentación:

- Atracción
- Seducción
- Concepción
- Consumación
- Muerte

Si una persona es atraída por su propia concupiscencia, se sentirá seducida, y comenzará a jugar con malos pensamientos en vez de reprenderlos. Esos pensamientos se establecerán en su mente, lo cual traerá la concepción del pecado. Ésta es la etapa del embarazo (hasta este momento, todavía no ha habido pecado físico); luego de esta etapa, viene la consumación, que es el acto físico. He encontrado un común denominador en muchas personas que han cometido adulterio, pecados sexuales o fornicación, y que han visto la destrucción de su familia y su matrimonio. Este común denominador es que ellos, tiempo atrás, ya habían aceptado el pecado en su mente y su corazón. Cuando el enemigo le envía tentaciones por medio de pensamientos a su mente, ocurren ciertas etapas en el transcurso del tiempo, antes de que el acto físico se lleve a cabo. Por ejemplo:

¿Qué sucede si jugamos con pensamientos de adulterio y fornicación?

- La atracción en su mente va destruyendo las barreras de la santidad.
- La atracción en su mente va destruyendo las barreras de la moralidad y el temor de Dios.
- La atracción de la tentación va construyendo barreras en nuestra intimidad con Dios.

Después de esto, aceptamos la atracción y la concebimos; es entonces, que esto se convierte en pecado en nuestra mente y corazón.

Testimonio: Éste es el caso de un hombre de Dios que tenía un gran ministerio, que alcanzaba a miles de personas por radio y televisión. Lamentablemente, después de un tiempo, el ministro cometió adulterio. Pero hay que tener presente que su pecado no comenzó en ese momento. Hacía años atrás, que él había pecado en su mente y en su corazón; pues, fue atraído y seducido, concibió el pecado y, finalmente, lo consumó. Esto lo condujo a la muerte. Lo más importante que el hombre tiene, es su corazón. Dios creó el corazón para que de él salga vida; pero debemos guardarlo porque de él, también podemos sacar cosas malas.

"[23]Sobre toda cosa que guardes, guarda tu corazón, porque de él mana la vida". Proverbios 4.23

Jesús dice: "no son los alimentos lo que contaminan al hombre; no es lo de afuera, sino lo que sale del corazón". Muchas personas piensan que hay pecado si éste es consumado solamente. Ellos no creen que jugar y entretener los pensamientos malos en la mente sea pecado. Pero, hay una pregunta que debemos hacernos.

¿Qué tipo de pensamientos Dios espera de un creyente?

¿Cree que Dios es honrado por fantasías sexuales de adulterio y fornicación? ¿Cree que Dios es honrado con pensamientos de avaricia, hurtos, venganzas, homicidios, juicio, amargura, soberbia, lascivia e insensatez? Claro que no; eso es pecado contra Dios.

"[6]...para que en nosotros aprendáis a no pensar más de lo que está escrito..." 1 Corintios 4.6

Jesús nos enseña de dónde vienen todas las cosas malas.

"[21]...porque de dentro del corazón de los hombres, salen los malos pensamientos, los adulterios, las fornicaciones, los homicidios..." Marcos 7.21

Cuando existe algo de lo mencionado anteriormente en nuestro corazón, el enemigo vendrá a tentarnos con pensamientos que activen lo que hay allí para que caigamos en pecado. Pablo nos da una lista, que veremos más adelante, de lo que debemos pensar. Por ahora, analicemos lo que dice la Biblia amplificada en Marcos 7.21

"Pues de su interior, o sea, del corazón del hombre, vienen pensamientos bajos y malvados (inmoralidad sexual, robo, homicidio, adulterio), codicia (avaricia, el deseo de tener más riquezas), maldad peligrosa y destructiva, engaño, conducta no restringida (indecente) y mal de ojo u ojo malvado (envidia); difamación (hablar malicia), representación fraudulenta (injuria), orgullo (la escena de un corazón altivo contra Dios y el hombre), necedad (tontería, falta de sentido común, imprudencia). Toda esta maldad (propósito y deseo) viene del interior y hacen al hombre sucio y falto de santidad".

Entonces, ¿en qué debemos pensar?

"[8]Por lo demás, hermanos, todo lo que es verdadero, todo lo honesto, todo lo justo, todo lo puro, todo lo amable, todo lo que es de buen nombre; si hay virtud alguna, si algo digno de alabanza, en esto pensad. [9]Lo que aprendisteis, recibisteis, oísteis y visteis en mí, esto haced; y el Dios de paz estará con vosotros". Filipenses 4.8, 9

Lo que el apóstol nos está diciendo, es lo siguiente: piense, pese y tome responsabilidad por cada actitud y pensamiento. Fije su mente en cada una de las virtudes citadas anteriormente y el resultado que obtendrá será paz en su mente y en su corazón.

"[7]Y la paz de Dios, que sobrepasa todo entendimiento, guardará vuestros corazones y vuestros pensamientos en Cristo Jesús". Filipenses 4.7

"[3]Tú guardarás en completa paz a aquel cuyo pensamiento en ti persevera, porque en ti ha confiado". Isaías 26.3

Dios está interesado, no solamente, en lo que hacemos, sino también en lo que pensamos. Hemos tomado la idea equivocada, porque creemos que es malo solamente hacer o cometer el pecado y que no es tan malo el pensar en ellos. Pero, la Palabra es clara al respecto cuando dice:

"[12]La palabra de Dios es viva, eficaz y más cortante que toda espada de dos filos: penetra hasta partir el alma y el espíritu, las coyunturas y los tuétanos, ***y discierne los pensamientos y las intenciones del corazón****". Hebreos 4.12*

Dios espera que nuestra vida sea pura, y todos los creyentes quieren ser sanados y ser libres. Entonces, ¿por qué existe tanto pecado en las iglesias y en el mundo? Porque nuestra mente está contaminada de pensamientos que nos llevan a pecar. El medio que nos rodea, constantemente, bombardea nuestra mente con muchos pensamientos e imágenes que incitan al pecado, estas imágenes son presentadas en la televisión y en todos los medios de comunicación. ¡Por eso, estamos como estamos! Es terrible ver matrimonios destruidos, hijos en rebelión por causa del divorcio, creyentes apartados porque alguien los hirió o porque jugaron con los malos pensamientos, en vez de cortarlos a tiempo. El que comete pecados sexuales, lo hace porque, mucho antes de cometerlos, ya los había recibido en su mente y en su corazón.

La persona que acepta el mal pensamiento, siempre cree que no va a llegar a cometer el hecho; pero, cuando el diablo le presenta la oportunidad, entonces lo consuma, porque ya lo había aceptado en su mente.

Como mencionamos anteriormente, todos los que han caído en pecados sexuales, confiesan haber aceptado un pensamiento relacionado con ese pecado durante meses o años atrás; pero todos creyeron que lo podían dominar. Esto es como el caso de los adictos al alcohol o las drogas. Ellos dicen: "yo puedo parar en cualquier momento" y la realidad, es que no lo pueden hacer.

¿Cómo prevenir el pecado y no llegar a la muerte?

Armaos de este mismo pensamiento.

*"[1]Puesto que Cristo ha padecido por nosotros en la carne, vosotros también **armaos del mismo pensamiento**, pues quien ha padecido en la carne, terminó con el pecado, [2]para no vivir el tiempo que resta en la carne, conforme a las pasiones humanas, sino conforme a la voluntad de Dios". 1 Pedro 4.1, 2*

Jesús tomó el pecado como suyo y nos dio la victoria sobre los malos pensamientos. Ármese de este pensamiento, pues Jesús padeció por nosotros y terminó con el pecado. ¡Es posible vivir libre de los malos pensamientos; ya no tenemos que estar dominados y controlados por ellos! Tengamos en cuenta que la palabra que usa Pedro es *"armaos"*, porque el adoptar el pensamiento de Jesús viene a convertirse en un arma de guerra, según la traducción de la Biblia amplificada, la cual dice así:

"Puesto que Cristo ha padecido por nosotros en la carne, armaos del mismo pensamiento y propósito (sufriendo pacientemente antes de desagradar a Dios); pues quien ha padecido en la carne, (teniendo la mente de Cristo), terminó con el pecado (intencionalmente ha parado de agradarse a sí mismo y al mundo para agradar a Dios)". 1 Pedro 4.1

¿Qué se necesita para seguir a Cristo?

Recuerde que servir a Cristo y ser creyente no es una carrera de velocidad, sino de resistencia. De nada vale servir a Dios con todo el corazón por un tiempo, si luego, se termina mal. Cada uno de nosotros, necesita tener perseverancia y consistencia en buscar de Dios y depender de Él.

¿Cuáles son los pasos para prevenir los malos pensamientos y vivir con una mente pura y limpia?

Debemos manejar nuestros pensamientos. No podemos dejarnos controlar ni ser atraídos por ellos. Nosotros somos el fruto de nuestros pensamientos. Aquello que pensamos, eventualmente, llegará a nuestro corazón, y de la abundancia del corazón, hablará nuestra boca; y en lo mismo, se basarán nuestros actos.

"[19]Oye, tierra: Yo traigo el mal sobre este pueblo, el fruto de sus pensamientos, porque no escucharon mis palabras y aborrecieron mi Ley". Jeremías 6.19

1. Cortar y arrepentirnos de esos malos pensamientos.

   Cada persona que desee agradar a Dios, debe romper el ciclo de malos pensamientos que haya estado consintiendo, y cambiar de mentalidad. También, debe reconocer si ha tenido pensamientos impuros, de odio, venganza, juicio, robo, codicia, adulterio y fornicación, y arrepentirse de ellos.

2. Activar un nuevo ciclo con nuevos pensamientos de vida.

   Una vez que hemos cortado con el ciclo de malos pensamientos, debemos activar el ciclo de nuevos pensamientos o forma de pensar, que nos conduzcan a agradar a Dios con nuestra mente. En todo esto, tenemos que entender que el Señor conoce nuestros pensamientos.

   "[11]Jehová conoce los pensamientos de los hombres, que son vanidad". Salmos 94.11

   No es fácil mantenernos en el espíritu, porque el mundo ataca nuestra mente constantemente; es un gran esfuerzo. Para lograrlo, tenemos que dejar atrás todo lo que nos conduce a pecar. Recuerde, en nuestras propias fuerzas, es imposible vencer los malos pensamientos. Tenemos que pedir la ayuda del Espíritu Santo y tomar una decisión firme de renunciar a ellos.

3. Entrar en un pacto con Dios para mantener una mente pura y limpia.

   Para lograrlo, quiero que tenga en cuenta la respuesta de las siguientes preguntas: ¿Qué pensamientos ha estado entreteniendo en su mente? ¿Han sido impuros, sexuales, de adulterio, de juicio, venganza, ira, odio? Si su respuesta es afirmativa a cualquiera de ellos, lo primero que debe hacer es arrepentirse y hacer un pacto con Dios de mantener una mente pura y limpia. Hagámoslo, ahora mismo.

4. Llevar todo pensamiento cautivo.

"5...derribando argumentos y toda altivez que se levanta contra el conocimiento de Dios, y llevando cautivo todo pensamiento a la obediencia a Cristo..." 2 Corintios 10.5

Cada vez que esos pensamientos vengan a su mente, ordéneles con su boca, que se vayan, y no los entretenga. Cuando venga un pensamiento malo, llévelo cautivo y reemplácelo con un pensamiento bueno. La palabra de Dios nos ordena a pensar en todo lo bueno, lo amable, lo que tiene buen nombre, todo lo que es santo ("*en esto pensad*").

Recordemos un poco para hacer el resumen de lo que estudiamos anteriormente y continuar explicando en detalle los pecados sexuales.

- La inmoralidad es una actitud del corazón.

- Una vez que el acto físico se ha cometido, resultará en una ligadura emocional.

- Para evitar que este tipo de pecado entre, los hombres tenemos que tratar a las mujeres adultas como madres y a las jóvenes como hermanas y viceversa.

- La mayor parte de los pecados sexuales comienzan con la siembra de una semilla en la mente, en forma de mal pensamiento. El enemigo sembrará ese mal pensamiento en el momento de menor resistencia espiritual o de mayor debilidad.

- Jesús dijo que no se pueden entretener o jugar con malos pensamientos; pues, al hacerlo, ya se comete adulterio en el corazón.
- La manera de eliminar esos pensamientos es llevándolos cautivos a la obediencia a Cristo.

CAPÍTULO 8

LA INMORALIDAD SEXUAL Y LOS DEMONIOS

Pecados sexuales o impureza sexual. Según el libro de Gálatas, hay cuatro pecados sexuales de los cuales se deriva el resto de esos mismos pecados, y son los siguientes: adulterio, fornicación, inmundicia y lascivia.

El apóstol Pablo habla de las obras de la carne, comenzando con los pecados que se relacionan con el cuerpo. En mi experiencia ministrando liberación a hombres, he encontrado que un promedio de siete de cada diez de ellos, tienen problemas sexuales. Lamentablemente, éste es uno de los temas que menos se hablan en las iglesias; siendo como tal, uno de los pecados que más abundan en ella. Este tipo de pecado es el culpable de que muchas familias estén rotas en la iglesia de Cristo, y aun de que muchos ministerios hoy estén destruidos.

1. ¿Qué es el pecado de adulterio?

    Adulterio es la palabra griega *"moiqueia"*, que denota la acción de mantener relaciones sexuales con otra persona fuera del matrimonio.

    En la palabra de Dios, este pecado se llama infidelidad matrimonial. Esto es un pecado de la carne, el cual transgrede o viola los principios bíblicos establecidos por Dios. El adulterio, en el pasado y en el presente, ha sido una epidemia en el cuerpo de Jesús y en el mundo. Hemos encontrado que tanto ministros como ministerios muy reconocidos, se han destruido por causa del mismo. Nosotros como iglesia, debemos hablar y confrontar efectivamente este problema.

2. ¿Qué es la fornicación?

Fornicación es la palabra griega *"porneia"*, (de la cual también se deriva la palabra pornografía). Ésta es una relación sexual ilícita entre dos personas que viven juntas sin casarse.

Las iglesias de hoy están llenas de personas que conviven juntas y tienen hijos, pero no están casadas; y por eso, la bendición de Dios no llega a sus hogares en su totalidad. ¿Por qué las personas no quieren casarse? Las personas no se quieren casar porque no quieren comprometerse. Su pensamiento suele ser: "Si esta unión no funciona, me separo y busco otra persona"; están buscando la persona ideal, y mientras tanto, viven juntos y están pecando contra Dios. Por ejemplo, así usted tenga cuatro hijos, si no se ha casado, está viviendo en fornicación, y esto es un pecado de la carne, el cual Dios castiga grandemente.

¿Cuáles son los cuatro tipos de adulterio y fornicación?

- Adulterio de los ojos

"[1]Hice pacto con mis ojos, ¿cómo, pues, había yo de mirar a una virgen?" Job 31.1

El deseo de los ojos es una de las principales raíces de los pecados. Por esta razón, Job hizo un pacto con sus ojos de no ver con codicia a una mujer virgen. La traducción de la Biblia amplificada dice así: "He dictado un pacto (un acuerdo) a mis ojos, ¿cómo podría mirar con lascivia o con codicia a una muchacha? Recordemos que los hombres son tentados, primeramente, por medio de sus ojos. Por esto, deben tener convicción de pecado, para tomar la decisión de hacer un pacto de mirar a la mujer de una manera correcta.

- Adulterio del corazón

De acuerdo a la Palabra, no es pecado ver a una mujer, y admirarla con pureza en el corazón; pero, sí es pecado mirarla para codiciarla. Cuando esto ocurre, ya se cometió adulterio en el corazón.

"[27]Oísteis que fue dicho: No cometerás adulterio". Mateo 5.27

- Adulterio de la mente

Hay personas que juegan, continuamente, con pensamientos de sexo ilícito; y si una persona tiene este tipo de fantasías sexuales en su mente, es como si hubiera cometido el pecado en sí. Los cuatro tipos de adulterio y fornicación comienzan con un pensamiento, el cual, si lo entretenemos, contamina el corazón, los ojos y el cuerpo.

- Adulterio del cuerpo

Este tipo de pecado es la consumación, el acto físico de lo que entró por los ojos y se meditó.

El unirse sexualmente con una persona trae ligaduras físicas, emocionales, espirituales, y además, ocurre una transferencia de espíritus. Esto ocurre porque en el momento en que están juntos íntimamente, se hacen una sola carne. En palabras de liberación, eso se llama "ligaduras del alma". Es por eso, que a las personas que están cometiendo el pecado de fornicación y adulterio, se les hace difícil separarse. Quieren dejar el pecado, pero no pueden. Alguien tiene que ayudarlos porque han caído en el lazo del enemigo. Éste es un pecado que sale directamente del corazón; por eso, es tan contaminante. ¿Cuál es la actitud de la persona que vive en adulterio y fornicación? "Nadie me verá". Recordemos que aunque nadie nos vea aquí en la tierra, hay uno que ve todo desde el cielo, y ése es Dios.

"[15]La noche está aguardando el ojo del adúltero, del que dice: 'No me verá nadie', y esconde su rostro". Job 24.15

¿Qué hacemos con personas que están viviendo en adulterio y fornicación?

❖ Apartarse de ellos.

"[11]Más bien os escribí para que no os juntéis con ninguno que, llamándose hermano, sea fornicario, avaro, idólatra, maldiciente, borracho o ladrón; con el tal ni aun comáis, [12]...Quitad, pues, a ese perverso de entre vosotros". 1 Corintios 5.10-13

En conclusión, podemos decir que los pecados de adulterio y fornicación son abominables delante de los ojos de Dios; por tanto, debemos apartarnos de ellos.

3. ¿Qué es la inmundicia?

La inmundicia es una mancha moral de las personas que son dadas a la lascivia y al desenfreno sexual. La inmundicia es una combinación de adulterio, fornicación, masturbación, homosexualismo, lesbianismo, incesto, entre otros.

"27¡Ay de vosotros, escribas y fariseos, hipócritas!, porque sois semejantes a sepulcros blanqueados, que por fuera, a la verdad, se muestran hermosos, pero por dentro están llenos de huesos de muertos y de toda ***inmundicia****". Mateo 23.27*

Si no paramos de adulterar y fornicar, caeremos en lo más profundo de los pecados sexuales, lo cual nos llevará a la siguiente etapa que es la inmundicia.

4. ¿Qué es la lascivia?

Lascivia viene de la palabra griega *"aselgeia"* que denota exceso, ausencia de freno, indecencia, disolución. Es uno de los males que proceden del corazón.

"19Éstos, después que ***perdieron toda sensibilidad****, se entregaron al libertinaje para cometer con avidez toda clase de impureza". Efesios 4.19*

"*Aselgeia*" es lujuria, toda indecencia desvergonzada, concupiscencia sin frenos. Depravación sin límites. Cometer pecado a plena luz del día con arrogancia y desprecio.

Como puede ver, la gravedad de estos pecados es progresiva. Se llama pecado de lascivia cuando la persona ha llegado a un desenfreno tal, que no puede dejar de cometer estos actos. Se encuentra en una total ausencia de freno, falta de decencia, se vuelve sucia en todo aspecto. La lascivia no solamente se comete en el área sexual, sino también, con la boca al comer demasiado, al usar drogas y en cualquier pecado en general. Ninguna persona empieza a pecar desenfrenadamente, sino que es un proceso donde va perdiendo, gradualmente, el control y el dominio sobre sus pensamientos, su cuerpo, su boca y su vida. Cuando el pecado es cometido de continuo, se abre la puerta para que venga un demonio y oprima a la persona. Para cada obra de la carne, existe un demonio que atormenta a toda persona que practica una de ellas continuamente.

Cuando un individuo ha llegado a la lascivia, ya ha perdido el temor de Dios en su conciencia. Son personas que se convierten en violadoras, abusadoras de niños y demás aberraciones. Entran a las prácticas sexuales más sucias y violentas con tal de satisfacer su deseo compulsivo. Todo a su alrededor se destruye, como por ejemplo, el matrimonio y los familiares. Sólo Jesús puede liberarlos de esa esclavitud. Con cierta frecuencia, los pecados sexuales ocurren en la iglesia. Hay hombres que visitan las iglesias deseando sexualmente a las mujeres. Y hay mujeres llenas de espíritus de seducción, que seducen a los hombres de Dios.

¿Por qué existen problemas de pecados sexuales en algunas personas? ¿Cuáles son las tres grandes causas?

- Maldiciones generacionales: Las maldiciones generacionales son una de las causas más comunes. He encontrado que la mayor parte de los problemas sexuales de muchas personas hoy día, son repetitivos, pues también los tuvieron sus padres, abuelos y familiares.

- Opresiones sexuales del pasado, tales como: traumas, incesto, abusos cometidos por individuos cercanos a la familia.

- Pornografía/TV-Radio/Revistas. En el mundo actual, la mayor parte de los medios de comunicación tiene un ingrediente pornográfico en menores o mayores cantidades, el cual afecta nuestra mente. Pero, está de nuestra parte que llevemos todo pensamiento cautivo a la obediencia a Cristo.

Testimonio: Duré mucho tiempo viendo pornografía. Veía hasta seis películas por día, y después que terminaba de verlas, me iba al cuarto a llorar. Una noche me levanté a las 2:00 am a masturbarme, y dije: ¡Dios, ya no puedo más! Y me puse a llorar como un niño. Cogí los videos y los eché en un maletín para botarlos donde nadie los cogiera. ¡Doy gracias a Dios porque salí de eso!

¿Cuál es la solución para evitar los pecados sexuales? ¿Qué puede hacer un creyente que tiene problemas de lascivia, adulterio, inmundicia, lesbianismo, homosexualismo, fornicación o pornografía?

- Identificar si es ocasionado por la influencia de un espíritu demoníaco.

La forma de hacerlo es detectando si ese problema ya llegó a ser un deseo compulsivo; o sea, algo que controla o domina al individuo como un vicio, el cual ha tratado de romper con ayuno y oración, pero no ha podido. Si éste es el caso, busque liberación y Dios le hará libre. Cuando es producto de una obra de la carne, con ayuno y oración y viviendo en el espíritu, usted podrá controlar aquello que lo esté afectando. Luego, debe vivir crucificando la carne día a día.

- Huir del pecado

Este tipo de tentaciones y pecados sexuales, no se resisten ni se reprenden. No espere que lleguen, no los entretenga, no juegue con ellos... ¡huya!, ¡huya!, ¡huya! Me he encontrado con un sinnúmero de personas que dicen: "pastor yo soy fuerte y puedo resistir toda tentación sexual"; razón por la cual no huyen de ella. El resultado de esto es que terminan cayendo. Veamos el caso de José.

"[11]Pero aconteció un día, cuando entró él en casa a hacer su oficio, que no había nadie de los de casa allí. [12]Entonces ella lo asió por la ropa, diciendo: —Duerme conmigo. Pero él, dejando su ropa en las manos de ella, huyó y salió". Génesis 39.11, 12

Si usted huye de las tentaciones, ya va en ventaja. Pero si las enfrenta y las entretiene, se hacen 10 veces más fuertes. Tome medidas drásticas si hay cosas que sabe que lo influencian o lo llevan a pecar, tales como: apartarse totalmente de amistades, lugares y situaciones.

"[18]Huid de la fornicación. Cualquier otro pecado que el hombre cometa, está fuera del cuerpo; pero el que fornica, contra su propio cuerpo peca". 1 Corintios 6.18

"[3]La voluntad de Dios es vuestra santificación: que os apartéis de fornicación..." 1 Tesalonicenses 4.3

Hay personas que no pueden desligarse del pecado; y a veces, es porque les gusta el jueguito. Si éste es su caso, pues le anticipo que no podrá ser libre. Pero, si realmente quiere dejar de ofender a Dios, le aseguro que tomando la decisión de huir y de no entretener más la idea, Dios comenzará a traer su libertad.

¿Qué hacer con los pecados sexuales?

- Si es un espíritu inmundo, busque liberación.
- Si es problema de la carne, crucifíquela y no satisfaga sus deseos.
- Huya de todo pecado sexual. No entretenga los pensamientos. No esté sólo en lugares donde pueda ser tentado.
- Cásese en vez de estar cometiendo fornicación.

"[8]Digo, pues, a los solteros y a las viudas, qué bueno les sería quedarse como yo; [9]pero si no tienen don de continencia, cásense, pues mejor es casarse que estarse quemando". 1 Corintios 7.8, 9

Es importante que nos apartemos y huyamos de estos cuatro pecados sexuales, y también, que busquemos liberación antes de que sea demasiado tarde.

CAPÍTULO 9

LAS DIEZ PRÁCTICAS SEXUALES ILÍCITAS MÁS COMUNES

A continuación, veremos las diez prácticas ilícitas más comunes que se derivan de las cuatro estudiadas anteriormente. Estudiaremos, una a una, las consecuencias que trae la práctica de estos pecados y la dirección bíblica para vencerlos.

1. La masturbación

¿Qué es la masturbación?

Es excitar manualmente los órganos genitales externos con el fin de provocar placer sexual. Es el hábito de procurarse, solitariamente, goce sexual.

Generalmente, comienza a temprana edad. Puede ser provocada por un deseo del individuo de estimularse a sí mismo o por un abuso sexual. Una vez que el hábito se establece, es algo irresistible, y puede continuar hasta la edad adulta. A veces, incluso, se practica cuando la persona está casada. Ambos sexos pueden ser dominados por este espíritu de lujuria. Recordemos lo que estudiamos anteriormente, que si la masturbación se practica de continuo, abre las puertas para que venga un espíritu inmundo de lascivia, y entonces, se hace más difícil ser libre, a menos que Jesús nos liberte.

¿Cuáles son las consecuencias de la práctica de la masturbación?

- Culpabilidad, baja autoestima, esterilidad espiritual, y algunas veces, hasta el rompimiento del matrimonio. Lamentablemente, algunos doctores, psiquiatras, psicólogos, pastores y consejeros, aconsejan la práctica de la masturbación como algo normal, que no es pecado. La masturbación es pecado, es lujuria y está asociada con fantasías sexuales; es egocéntrica.

- A menudo, llega al punto de idolatrar los órganos sexuales; es, totalmente, contraria a los estándares bíblicos de pureza.

- Según algunos médicos, la masturbación afecta la glándula de la próstata del hombre en cuanto al área sexual se refiere.

He visto personas ser liberadas de este vicio, de este espíritu de lujuria. Pero, para que esto suceda, la persona tiene que arrepentirse delante de Dios, y después, ser ministrada y liberada con el poder del Señor.

La masturbación llega a las personas de dos maneras:

❖ **Por elección.** Hay ciertos individuos que eligen, voluntariamente, practicar este vicio, dando lugar a un espíritu malo de adicción y lujuria.

❖ **Por una influencia heredada.** Hay casos en que los padres y la familia la han practicado y los hijos la heredan.

¿Cuál es la solución para la masturbación?

- Renuncie voluntariamente.
- Renueve su mente.
- Eche a la basura revistas y videos pornográficos.
- No juegue con pensamientos impuros de sexo.
- Busque liberación en su iglesia con su pastor o líderes.

Testimonio: Mi problema era la fornicación y la masturbación. Estuve casado un tiempo en Cuba, pero nunca logré nada bueno en mi matrimonio a causa de mi pecado. (Siguiendo lo que me enseñaron mis padres, que era normal masturbarse, que era parte de la juventud y que así me liberaba un poco del estrés). Por otro lado, los psicólogos también dicen que es normal; pero en realidad, eso es pecado.

Me sentía bien contando todas mis andanzas malas a los demás, pero nunca llegué a encontrar lo que todo el mundo busca en la vida, que es: la paz interior y el seguir la verdad; porque la fornicación es entregarse todo por un momento y perder la felicidad que Dios nos puede dar.

Mi madre ya me había hablado mucho del Señor. Ella me ponía a leerle la Biblia diciendo que estaba cansada. Busqué del Señor, y un día, orando en mi cama, empecé a hablar en lenguas. Menos mal que mi mamá me había explicado qué eran las lenguas, porque de otra manera, hubiera pensado que estaba loco. Después dije: "Dios está vivo, no está muerto". Realmente me sentí tocado. Esto no es una cosa que llega, sino algo que tú buscas. Yo le dije: "Padre, yo sé que tengo que cambiar mi vida". Y así pasó; fui cambiando poco a poco. Luego, fui tentado cuando, al entrar al internet, me encontré con correos de pornografía, y si bien antes me parecía normal, esta vez sentí una voz que me dijo: "¿no sabes que por cosas pequeñitas entran los demonios a tu casa?"

Ahora me siento nuevo, sé lo que quiero: una esposa, un hogar, salir adelante en mi vida. Dios me tocó, y me sanó de esas enfermedades; porque la fornicación, la pornografía y la masturbación son las grandes enfermedades de hoy día, aunque nuestra sociedad las ve como algo pequeño.

Testimonio: Cuando era niña, me masturbaba debido a que vi a mis padres tener relaciones; eso me traumatizó tanto, que quedó grabado en mi mente. Me casé y seguí haciendo lo mismo, y terminé divorciándome. Volví a unirme a un hombre, pero seguía masturbándome. Cuando llegué a la iglesia, empecé a sentir la presencia de Dios y el Espíritu Santo empezó a obrar en mí. Una noche me arrodillé y le pedí al Señor que no quería sentir más eso, que me quitara ese problema. Desde esa noche, no volví a sentir el deseo de masturbarme. ¡Fui libre!

Testimonio: Yo estaba atada al espíritu de masturbación y fornicación. Este espíritu vino a mi vida cuando vi a mi madre cometer adulterio. Ayunaba, oraba, pero nada se rompía; seguía con el mismo problema. Muchas veces, lloré delante del Señor pidiéndole que me quitara ese problema porque yo quería alabarle con pureza. Entonces me metí en otro ayuno y fue cuando vi a Satanás y me dijo: "tú eres mía, yo voy a tener sexo contigo", y le dije: "esta vez no caigo, yo no caigo". El Espíritu Santo me guió a decir: "yo ato mi cuerpo a tu trono, yo ato mi mente a tu Palabra, yo ato mi cuerpo a tu sangre", y cuando dije esto, escuché una cadena que se rompió y el sonido de una serpiente. Dios me hizo libre y también me dio la revelación, que cuando sea tentada, use Su palabra. Ahora Cristo llena mi corazón más que el sexo, más que la comida. ¡Sí se puede ser libre!

Testimonio: Yo veía las revistas de pornografía, que mi papá guardaba en un closet. Mi mamá trató de explicarme, pero eso me afectó y se grabó en mi mente. A pesar de que sentía temor, me gustaba, sentía atracción. Yo creía que cuando yo quisiera dejar de masturbarme, lo haría; porque según yo, tenía dominio propio. Pero la verdad era que eso me controlaba, inclusive, yo oía una voz interior que decía: "tú eres mía".

Estaba desesperada; y en realidad, cuando uno está desesperado por sanarse, Dios lo sana. Le pedía al Señor que me sanara, pero aún teniendo la Biblia en mi mano, lo hacía, y le decía: "perdóname, Señor, tú sabes que esto es algo más fuerte que yo. Tú sabes que es una lucha entre el diablo y tú, yo no la puedo vencer, solamente tú la puedes vencer", y cuando dije estas palabras, me sentí libre. ¡Me siento libre, me siento feliz porque todos tenemos un potencial para ser lo máximo!

2. Problemas sexuales causados por incesto, abuso o por haber sido molestado sexualmente.

Estas experiencias, por lo general, son devastadoras y causan problemas inmediatos y a largo plazo.

¿Cuáles son las consecuencias de estos problemas sexuales?

Entre las múltiples consecuencias que podemos encontrar, una es, que la persona se siente engañada; lo que, a su vez, provoca que ésta se vuelva, emocionalmente fría y se retraiga ante la gente y consigo misma. A largo plazo, lo que les sucede es que, si se casan, se dan cuenta de que son frígidas sexualmente. Algunas víctimas de estos tres tipos de abuso, piensan que el sexo es sucio y que no se puede practicar ni aun dentro del matrimonio; se sienten culpables. Cada vez que van a hacer el amor con su pareja, lo viven como una tortura. Otras personas, con este tipo de problemas, se vuelven lujuriosas, tienen deseos compulsivos de tener sexo todos los días, y no están conformes con una sola pareja. Como consecuencia, creen que ninguna persona decente los va a considerar seriamente como candidatos para entablar una relación formal. La mayor parte de estos individuos que han sido abusados y molestados sexualmente, terminan destruyendo su hogar y aun su propia vida.

¿Cuál es la solución para este tipo de problemas?

- La liberación de espíritus de incesto, lascivia, frigidez, abuso, masturbación. Esto se logra renunciando a cada uno de ellos; si no puede solo, busque un liberador que lo ayude.

- La sanidad interior de sus emociones. Cuando una persona ha sido abusada sexualmente, su alma se fragmenta (este término se define más adelante), sus emociones se hieren y necesita sanidad emocional en su alma.

- Perdonar a aquellos que cometieron el abuso. El perdón es la clave principal para que una persona sea liberada, sanada y restaurada. Si la persona no perdona, Dios no puede hacer absolutamente nada. Es necesario perdonar de todo corazón.

- Orar por una limpieza de la mente para poder tener una actitud correcta hacia el sexo en el matrimonio.

3. La promiscuidad por elección

Conozcamos algunos actos sexuales que abren puertas a espíritus demoníacos en nuestra vida. Algunos ya los habíamos estudiado anteriormente, y éstos son:

La fornicación. Esto es una relación sexual entre dos personas que no están casadas entre sí.

El adulterio. Es tener una relación sexual ilícita con una persona casada.

La fornicación y el adulterio técnicos. Esto es la estimulación de los órganos sexuales como un acto lujurioso. Algunas personas, practican estos actos impuros como una alternativa para no tener hijos.

Sexo oral. Es la estimulación de los órganos sexuales por medio de la boca como un acto lascivo. La razón principal por la cual el sexo oral es prohibido por la palabra de Dios, es porque Dios hizo los diferentes órganos del cuerpo para cumplir con ciertas funciones específicas. Dios hizo la boca para hablar, para adorarle y bendecirlo a Él, no fue hecha para tener sexo oral; va en contra de la naturaleza establecida por Dios. Por esta razón, Dios creó al hombre y a la mujer con órganos sexuales que cumplieran esta función.

Las prácticas de masoquismo sexual. Es una perversión sexual donde se usan la violencia y el dolor para obtener placer. Esta práctica deshonra el cuerpo, pervierte la naturaleza de las relaciones humanas y ofende a Dios.

¿Cuáles son las consecuencias de la promiscuidad sexual, como la fornicación y el adulterio?

- El adulterio y la fornicación traen la muerte espiritual, física y emocional.

  "[10]Si un hombre comete adulterio con la mujer de su prójimo, el adúltero y la adúltera indefectiblemente serán muertos". Levíticos 20.10

  El adulterio traerá consecuencias temporales y eternas. Traerá consecuencias en el plano natural como enfermedades, pobreza y miseria; y también, traerá consecuencias espirituales como heridas, dolor, quebranto y depresión en la familia.

- El que comete adulterio corrompe su alma.

  "[32]También al que comete adulterio le falta sensatez; el que tal hace corrompe su alma". Proverbios 6.32

  La persona que comete adulterio o cualquier promiscuidad sexual, está cegada en su entendimiento por un espíritu de engaño y mentira; por tanto, no entiende el daño que le ocasiona a su familia, a sus hijos, y sobre todo, al reino de Dios. Otra gran consecuencia que sufre la persona que comete adulterio es que corrompe su alma. La palabra corromper, en el idioma hebreo, da la idea de fragmentar. El alma de la persona se va fragmentando en pedazos, y el individuo va perdiendo su personalidad; porque liga su alma con otra persona; entonces, pedazos del alma de la otra persona se vienen con él, y pedazos del alma de él se van con la otra persona. Por lo tanto, se vuelve una persona inestable, que no es dueña de su propia personalidad; su alma se corrompe. La persona adúltera es aquella que siempre es inestable emocionalmente; es de doble ánimo, nunca está satisfecha, se siente incompleta, descontenta consigo misma. Todo esto, por causa del adulterio, la fornicación y la promiscuidad sexual.

- El adulterio trae heridas y vergüenza.

"33 Heridas y vergüenza hallará, y su afrenta nunca será borrada". Proverbios 6.33

Las primeras personas en sufrir las heridas emocionales son las de nuestra familia. Hay muchos hijos con dolor en sus corazones porque papá o mamá se fue con otra persona. Las consecuencias de esto son devastadoras en los hijos. Algunos de estos niños y niñas crecen con resentimiento, amargura y odio contra sus padres. Hay muchos de ellos que terminan sintiendo rechazo, soledad o usando drogas; y lo más triste es que, cuando ellos crecen, también cometen adulterio en sus matrimonios, ya que ésta es una maldición que se hereda de generación en generación. También, encontramos que hay muchas heridas que se siembran en el corazón de uno de los cónyuges, tales como: falta de perdón, amargura y odio, por la traición y la infidelidad. Ocasiona vergüenza a la familia, vergüenza al evangelio, vergüenza y descrédito en todas las áreas de la vida. La afrenta del adulterio nunca más es borrada. El adulterio cometido siempre estará presente en la mente y en los corazones de aquellos que lo sufrieron.

Es como una marca que estará siempre presente sobre la vida de aquellas personas. El Señor perdona y se olvida, pero las consecuencias permanecen para siempre.

Personalmente, he orado por muchos hijos cuyos padres se divorciaron por causa de la promiscuidad sexual. La mayor parte de ellos se involucraron en la droga, se hicieron parte de las gangas o pandillas; y otros murieron. Por eso, es importante apelar al corazón de aquellos padres que, hoy mismo, están teniendo este tipo de prácticas; para que consideren lo que están haciendo y se arrepientan de su pecado; que se aparten de él y vuelvan a sus hogares, que Dios los perdona y los restaura. Todavía hay tiempo si existe un arrepentimiento genuino; si no lo hace por usted, hágalo por su familia y, sobre todo, por Dios.

- El que comete adulterio y fornicación no heredará el reino de Dios.

"9... no os engañéis: ni los fornicarios, ni los idólatras, ni los adúlteros, ni los afeminados, ni los homosexuales..." 1 Corintios 6.8, 9

La Escritura nos habla, claramente, que la persona que comete adulterio no puede heredar el reino de Dios, a menos que se arrepienta.

- Los adúlteros y fornicarios serán juzgados por Dios.

"4Honroso sea en todos el matrimonio y el lecho sin mancilla; pero a los fornicarios y a los adúlteros los juzgará Dios". Hebreos 13.4

Dios es misericordioso y bueno con todos; pero, aquellos que no se arrepienten de pecados como la fornicación y el adulterio, serán juzgados por Dios públicamente; y esto les traerá vergüenza y deshonra.

Los que cometen adulterio pueden perder su familia, pues es la única razón bíblica para divorciarse.

"[19]Y yo os digo que cualquiera que repudia a su mujer, salvo por causa de fornicación, y se casa con otra, adultera; y el que se casa con la repudiada, adultera". Mateo 19.19

4. Las fantasías sexuales

Las fantasías sexuales pueden llegar a dominar la mente de una persona, causándole una pérdida del sentido de la realidad. Algunas veces, estas fantasías mentales de sexo precipitan la actividad inmoral. Jesús nos advirtió que el hombre es culpable del pecado, tanto de la mente como del mismo acto físico. Anteriormente, estudiamos este verso, pero ahora veámoslo con más detalles.

"[28]Pero yo os digo que cualquiera que mira a una mujer para codiciarla, ya adulteró con ella en su corazón". Mateo 5.28

La traducción amplificada dice:

"Pero yo os digo que cualquiera que mira mucho a una mujer para codiciarla (con deseos malos, teniendo fantasías sexuales en su mente con ella) ya adulteró con ella en su corazón".

Es, por esta razón, que la pornografía, en cualquiera de sus formas, debe ser evitada, porque le puede llevar a prácticas de promiscuidad sexual y todo acto de inmundicia. No podemos jugar con fantasías sexuales en nuestra mente, por las razones que hemos estado estudiando.

5. La pornografía

La palabra griega "*pornographos*" viene de la palabra *porno*, que significa prostituta, y de "*grapho*", que significa escribir. Si unimos estas dos palabras podemos concluir que la pornografía incluye la representación complaciente de actos sexuales en videos, en películas de clasificación R (x rated), revistas, libros y sexo en vivo. Todo esto es hecho por personas que se dedican a la prostitución, que es el acto por el cual una persona admite participar en todo lo mencionado anteriormente a cambio de dinero.

¿Cuáles son las ganancias de la industria pornográfica?

Estadísticas de la industria pornográfica.

El tamaño de la industria	$57.0 billones alrededor del mundo $12.0 billones en los Estados Unidos.
Videos para adultos	$20.0 billones
Servicio de acompañante	$11.0 billones
Revistas	$7.5 billones
Clubes de sexo	$5.0 billones
Sexo por teléfono	$4.5 billones
Cable/"Pay Per View"	$2.5 billones
Internet	$2.5 billones
CD-Rom	$1.5 billones
Novedades	$1.0 billones
Otros	$1.5 billones

Las ganancias de la pornografía sobrepasan todas las ganancias combinadas de los profesionales de football, baseball y basketball. Las ganancias de la pornografía dentro de los Estados Unidos sobrepasan las ganancias de ABC, CBS, y NBC (6.2 billones). La pornografía de niños genera, aproximadamente, $3.0 billones anualmente.

Estadísticas de pornografía por Internet para adultos:	Porcentaje
1. Hombres que admiten ver pornografía durante horas de trabajo.	20%
2. Mujeres que admiten ver pornografía durante horas de trabajo.	13%
3. Adultos en los Estados Unidos que visitan páginas de pornografía en el Internet regularmente.	40 millones
4. Hombres de pacto que miraron pornografía en la semana.	53%
5. Cristianos que admiten que la pornografía es un gran problema en sus hogares.	47%
6. Adultos que admiten estar adictos a la pornografía por Internet.	10%
7. Porcentaje de mujeres que visitan sitios ("sites") pornográficos por Internet.	28%
8. Porcentaje de hombres que visitan sitios ("sites") pornográficos por Internet.	72%

Algunas consecuencias catastróficas derivadas del uso de la pornografía son:

- Aumento de las violaciones sexuales y crímenes relacionados con sexo.

- Divorcios causados por los materiales pornográficos traídos al hogar.

- La pornografía introduce a los niños a la masturbación y a la necesidad de experimentar su sexualidad.

- Las figuras de la pornografía quedan grabadas en la mente por tiempo indefinido y no se desarraigan, a menos que se ore por la liberación del individuo en el nombre de Jesús.

- La mayor parte de los adultos que han usado la pornografía confiesan, con gran culpabilidad y vergüenza, que son constantemente, atacados con memorias de aquello que vieron.

- Las mujeres que permiten que se les tomen fotografías o videos, posando desnudas para un material pornográfico, vienen a ser dominadas por muchos espíritus inmundos y necesitan una liberación profunda.

¿Cuál es la solución para ser libre del uso y de las consecuencias del uso de pornografía?

- Arrepentirse delante de Dios por haber usado pornografía de la forma que haya sido.

- Renunciar a todo espíritu de pornografía, lascivia, fantasías mentales, adulterio, fornicación, adicción, masturbación, y ordenarle que se vaya de su vida, en el nombre de Jesús.

- Orar al Señor para que borre de la mente, en forma total, todas las memorias de la pornografía.

- Echar a la basura todo el material pornográfico que pueda haber en la casa, tales como: videos, revistas o cualquier objeto que pueda conducir a la persona a caer otra vez en el mismo pecado.

6. La homosexualidad y el lesbianismo

La homosexualidad y el lesbianismo son una perversión de las relaciones sexuales, según lo establecido por Dios. Esta perversión de la sexualidad se da cuando la atracción sexual se encuentra orientada hacia una persona del mismo sexo.

Para juzgar correctamente todo lo relacionado con la homosexualidad, es necesario que vayamos a la palabra de Dios que nos da la verdad absoluta al respecto. Tanto en el Antiguo como en el Nuevo Testamento, Dios prohíbe el homosexualismo y el lesbianismo.

"[22]No te acostarás con varón como con mujer; es abominación". Levíticos 18.22

La homosexualidad en el Nuevo Testamento

"[26]Por eso Dios los entregó a pasiones vergonzosas, pues aun sus mujeres cambiaron las relaciones naturales por las que van contra la naturaleza. [27]Del mismo modo también los hombres, dejando la relación natural con la mujer, se encendieron en su lascivia unos con otros, cometiendo hechos vergonzosos hombres con hombres, y recibiendo en sí mismos la retribución debida a su extravío".
Romanos 1.26, 27

Hay algo importante que debemos entender acerca del corazón de Dios hacia la homosexualidad.

- Dios ama al individuo que la practica, pero odia el pecado de la homosexualidad.

  En la iglesia de Cristo, se ha juzgado y criticado a las personas homosexuales. En vez de ayudarlos y atraerlos al conocimiento de la verdad, los hemos aislado de la iglesia. Incluso a aquellas personas que han salido de esta práctica, las hemos juzgado, maltratado y separado de la iglesia. Sin embargo, la Palabra nos ordena a condenar y a odiar al pecado, no al que lo practica. Debemos pararnos firmes y estar en total desacuerdo con el pecado de homosexualidad; sin embargo, tenemos que amar y ayudar al ser humano que lo practica, para que salga de él.

  El aumento del virus del Sida ha sido provocado en gran parte por la inmoralidad homosexual. Aun médicos seculares reconocen que, si no hubiese sido por el homosexualismo, el Sida no se hubiese propagado como se ha visto. Sin embargo, este virus también se ha propagado entre la población heterosexual.

  Uno de los puntos que debemos entender, es que ninguna persona escoge ser homosexual. Creo que la causa principal de la homosexualidad es el pecado. Dios no creó a nadie homosexual. Dios hizo varón y mujer.

  "[27]Y creó Dios al hombre a su imagen, a imagen de Dios lo creó; varón y hembra los creó". Génesis 1.27

¿Cuáles son algunas de las causas de la homosexualidad?

- Una maldición generacional de homosexualidad

Es el pago establecido por Dios en la vida de una persona y su descendencia como resultado de la iniquidad. Es la forma mediante la cual se manifiestan las desviaciones de los antepasados. La gente lo explica diciendo: "a mi padre le pasaba lo mismo que a mí". Esta maldición es un espíritu de homosexualidad que se pasa de generación en generación a través del padre o la madre. Puede transferirse por el pecado sexual en la línea sanguínea de tres o cuatro generaciones atrás, causada por el pecado de idolatría.

El pecado generacional puede venir de la práctica de sexo anal entre un hombre y una mujer aun dentro del matrimonio. De este modo, su hijo recibirá un espíritu que induce a una conducta de sexo anal, la cual puede ser con un hombre o con una mujer. Una vez que la práctica es iniciada y se convierte en una conducta repetitiva, la puerta es abierta para recibir un espíritu de homosexualidad.

- El rechazo de la sexualidad

A veces, cuando los padres están esperando un bebé deseando que sea una niña, y reciben un niño, el bebé recibe el mensaje del rechazo de los padres en lo profundo de su espíritu. Este mensaje es que su sexo no es el correcto. Como resultado de este rechazo de los padres, el bebé, subconscientemente, tratará de vivir y cumplir las expectativas de los padres con respecto al sexo deseado. El rechazo de los padres es tierra fértil para un espíritu demoníaco. Es decir, otra puerta para que este espíritu entre en la vida del bebé y desarrolle un espíritu de homosexualidad.

- La rebelión contra los padres

Hay familias en que el niño es excesivamente amado por su sexo. Es decir, que le colocan demasiado énfasis en que es amado sólo por el hecho de ser varón, y no aprecian otras áreas de su vida. Debido a esta situación, muchos hijos se rebelan contra los padres, que son quienes han puesto esa presión sobre ellos; y la forma de hacerlo, es sintiéndose atraídos hacia su mismo sexo, lo que derribaría esa imagen de hombre, macho impuesta.

- Abuso sexual

Ésta es, quizás, la causa más común de la demonización homosexual. Se origina cuando una persona es abusada sexualmente por otra. También, esto puede ocurrir cuando los niños se abusan el uno al otro; especialmente, si uno de ellos tiene un espíritu generacional de homosexualidad. En la mayoría de los casos, uno de los niños empuja al otro a seguir con una conducta anormal.

- La dominación paterna o materna

Por ejemplo, el hombre que es dominado por su madre. Cuando este hombre trata de casarse, se le presentan problemas con ella porque siente que está siendo rechazada y ve a la otra mujer como una competencia en el corazón de su hijo. Por tal motivo, el hombre algunas veces, busca otro hombre para satisfacer sus deseos sexuales; y es así como entra en una vida homosexual. Esto, también pasa con mujeres que son dominadas o muy controladas por sus padres.

- Las relaciones homosexuales voluntarias

Estas relaciones se presentan en personas que no tienen ningún trasfondo personal ni generacional de homosexualidad, y que simplemente quieren probarlo todo. Cuando se comienza esta práctica de forma voluntaria, se le da la entrada a un espíritu inmundo de homosexualidad, y después, es muy difícil salirse, a menos que intervenga el poder de Dios.

¿Podemos concluir que la homosexualidad y el lesbianismo son un demonio? La conclusión es que sí.

Los demonios usarán cualquier ruta para entrar a una persona y distorsionar su sexualidad. Una vez que los demonios entran en el individuo por la práctica continua del pecado, éstos lo controlan y lo dominan hasta esclavizarlo, y finalmente, matarlo. Los demonios buscarán una puerta para entrar, ya sea por: una maldición generacional, el rechazo de la sexualidad por parte de los padres, la rebelión contra los padres, el abuso sexual, la dominación paterna o materna, relaciones homosexuales voluntarias o cualquier otra puerta por la cual ellos puedan entrar.

Testimonio: Crecí sin papá, pues se fue de la casa cuando yo tenía cinco años. Me crié con muchas mujeres y mi madre me sobreprotegió desde pequeño. En la escuela, me ponían sobrenombres de mujeres, y a la edad de 14 años, me creí todo lo que me dijeron. Empecé a sentir atracción por los hombres, aunque yo estaba luchando con esta situación.

Por esto, empecé a ir a iglesias, pues quería cambiar; pero al llegar a los 18 años, declaré que ya era así y que no había solución. Entonces, empecé a ir a los centros nocturnos y a llevar mi vida de esa forma. Hasta que mi mamá se enteró y comenzó a orar todas las noches. Aunque yo le dijera que eso no iba a cambiar, ella decía que sí iba a cambiar.

Una noche llegué a mi casa aburrido y drogado porque no encontraba nada. Prendí el televisor y empecé a buscar canales hasta que encontré TBN. Fue ahí que escuché la prédica de un pastor, y esa misma noche, el Señor habló a mi corazón y me rendí a Él.

Estaba inseguro y rechazado, tenía mucho rencor con mi papá; pero decidí perdonarlo, y ahora soy libre. El Señor me dijo que yo soy un varón. ¡Siento que tengo futuro, que tengo propósito y que soy libre!

Testimonio: Desde los 17 hasta los 24 años, viví practicando el homosexualismo (lesbianismo). Viví con una mujer, hasta que una pastora me predicó el evangelio. Desde ese entonces, el Señor me liberó de la masculinidad. Yo lloraba en mi cama y decía: "Señor tú verdaderamente eres fiel, la obra que empiezas, la terminas". Ahora tengo el deseo de tener una familia, un esposo. Es impactante, es algo que viene desde adentro de mí. El Señor transforma desde lo más profundo hacia fuera. Mi familia está sorprendida, pues yo vestía hasta como hombre; era algo impresionante.

Testimonio: No me da pena ni vergüenza contar mi testimonio, porque para la gloria del Señor, Él me libertó del homosexualismo. Todo comenzó por problemas de rechazo, cuando mi padre me decía palabras feas y soeces por jugar con mi hermana. Ella no encontraba nada malo en jugar conmigo cosas propias de las niñas. Por otro lado, mi madre me sobreprotegía. En el colegio, me rezaban, no tenía amigos y me decían lo mismo que me decía mi padre, siempre andaba solo. Cuando llegaba a la casa, no expresaba lo que sentía, y eso se encerró en mí y causó inseguridad.

A los 18 años, llegué a Estados Unidos y comencé a ir a todos los lugares gays. Me involucré en el mundo homosexual. Una tía me llevó a la iglesia cristiana, y cuando entré, me dieron muchas ganas de llorar, pues el día anterior de estar allí, yo había estado en una discoteca y había estado bebiendo. Tenía pena porque no sabía que llorar era normal. Ese día no pasé al frente, pero ya me había llegado la convicción de que lo que hacía, no estaba bien. Sin embargo, seguí haciendo lo mismo hasta que asistí a un retiro de Jóvenes, ahí el Señor me libertó del homosexualismo y la masturbación. Mi mamá lloraba mucho; pero un día ella se tiró al piso y le pidió al Señor que me libertara y que tuviera misericordia.

Hoy día estoy feliz, amo a Cristo más que nunca, Él me habló, y me dijo: "Yo te saqué de todo los lugares gays, del homosexualismo, y te traje aquí". Hoy yo lo glorifico a Él y lo amo con todo mi corazón. Quiero decirle a todas las personas que creen que uno nace así, que es una mentira del diablo; yo quiero también que Dios me use para libertar a otros.

¿Cómo podemos ser libres de la homosexualidad y el lesbianismo?

Somos libres por medio de:

- Arrepentirse y confesar el pecado delante de Dios.
- Renunciar a toda maldición generacional de homosexualidad en la línea sanguínea. Romper toda maldición y echar fuera todo espíritu detrás de la maldición.
- Renunciar a todo espíritu de homosexualidad, rechazo, abuso, lascivia, perversión sexual.
- Pedir al Señor que llene las áreas vacías dejadas por los espíritus. Pídale al Señor que lo llene con su presencia.
- Apartarse de personas y lugares que lo lleven a caer en tentación y en el mismo pecado otra vez.
- Buscar liberación y consejería en una iglesia que conozca y entienda sobre la liberación de demonios.

7. El bestialismo (bestialidad)

¿Qué es una bestia? Es un animal cuadrúpedo, especialmente, el doméstico de carga. El bestialismo es el acto sexual de un ser humano con animales. La persona que practica esto, tiene la mente llena de inmundicia y perversión; necesita la liberación de su alma. Leamos lo que dice la Palabra al respecto.

"[19]Cualquiera que cohabite con una bestia, morirá". Éxodo 22.19

"[16]Si una mujer se acerca a algún animal para ayuntarse con él, a la mujer y al animal matarás; morirán indefectiblemente: su sangre caerá sobre ellos". Levíticos 20.16

Con mucha frecuencia, me encuentro con personas, tanto hombres como mujeres, que han confesado tener fantasías sexuales con animales. En algunos casos, esto ocurre porque sus padres han practicado actos de bestialismo. En otros, son personas cuyos padres nunca les dieron amor y cayeron en este pecado. He conocido casos en los que las personas han tenido relaciones sexuales con perros, caballos, vacas, etcétera; pero el Señor las ha liberado totalmente de esos espíritus inmundos.

¿Cómo ser libre del espíritu de bestialismo?

- Arrepentirse por haber cometido el pecado sexual de bestialismo.
- Renunciar a todo espíritu de bestialismo y a todos sus espíritus afines. En el nombre de Jesús, ordene que se vayan de su vida.

8. Los abortos

¿Qué es un aborto?

Es remover, por la fuerza, un feto del vientre de su madre.

El aborto es el asesinato de una vida que está en el vientre de una madre. Las mujeres que han practicado abortos deben ser liberadas del espíritu de asesinato. Lamentablemente, la mayor parte de los doctores dicen que esos fetos no tienen vida, y que por lo tanto, nadie está muriendo. Pero, la palabra de Dios dice que Él ya les ha dado aliento de vida, que ya son seres humanos que sienten el dolor, el rechazo, el amor y el odio. Por consiguiente, son seres humanos vivos, a los cuales se les quita el don de Dios, que es el aliento de vida. Algunas mujeres que han abortado un hijo en su juventud, cuando se casan y quieren formar su familia, encuentran que no pueden tener hijos, que han quedado estériles.

Tal vez no hay ningún otro asunto entre las normas públicas que genere tanta información errónea, ni tantas verdades a medias como el aborto. Los datos verdaderos se ignoran o se pasan por alto. Muchos datos sobre el aborto reciben poca atención en los debates públicos, porque ellos revelan cosas que la nación prefiere no ver.

Pero cuando esos datos se conocen y nos damos cuenta del alcance mundial de este asunto, es evidente que los que proponen el derecho a elegir el aborto, promueven que se elija algo que no es natural, ni para el individuo ni para la sociedad.

Aquí presentamos algunos datos o estadísticas que nos revelan la magnitud del aborto:

- Cada año hay 1,600,000 abortos en los EE.UU.[1]
- Un 7% (122,000) se atribuye a peligros para la salud física o psicológica de la madre.

- En un 1% de los casos, ha habido violación o incesto.
- El 92%, aproximadamente, 470,000 abortos se practican alegando razones sociales, económicas o personales.
- Tres de cada cuatro mujeres que abortan dicen que un hijo interferiría con su trabajo, sus estudios u otras responsabilidades.[2]
- El número de abortos en la nación es más de un tercio del número total de nacimientos[3]; cerca de la cuarta parte de todos los embarazos, terminan en abortos inducidos.[4]
- Los Estados Unidos sobrepasan a todas las naciones de Occidente en el número de abortos por cada 1,000 mujeres en edad de procrear.[5]
- Jóvenes adolescentes entre 11 y 19 son responsables por el 26% de todos los abortos en el país. Las jóvenes de 18-19 años tienen un porcentaje más alto de abortos: 63 por cada 1,000.[6]
- Un 45% de las jóvenes menores de edad que practican abortos, lo hacen sin el consentimiento de sus padres.[7]

---

[1] Rachel Benson Gold, Abortion and Women's Health, New York and Washington DC: The Alan Guttmacher Institue, 1990, p.11; Ibid., p.20.

[2] Ibid., p.19.

[3] El Centro para el Control de las Enfermedades de los EE.UU. reporta que el promedio de abortos, para el año 1987, fue de 356 por cada 1,000 nacimientos. Abortion Surveillance Summaries, junio 1990, p. 23, últimos datos disponibles.

[4] Gold, p. 11, reporta un total de 6,355,000 embarazos y 1,600,000 abortos.

[5] Christopher Tietze y Stanley K. Henshaw, Induced Abortion: A World Review, 6th ed. (New York: Alan Guttmacher Institute, 1986.

[6] Stanley K. Henshaw y Jennifer Van Vort, Teenage Abortion, Birth and Pregnancy Statistics: An Update, Family Planning Perspectives, Vol. 20, Nº4, marzo/abril 1989, the Alan Guttmacher Institute, pp. 85, 86.

[7] Alan Guttmacher Institute, Facts in Brief (1989).

¿Cuáles son las consecuencias que vienen sobre una persona que practica el aborto?

Un gran sentido de culpabilidad y remordimiento. En cierta ocasión, me encontré con una mujer que se había practicado más de 15 abortos. Cuando se le ministró y se oró por ella, estaba llena de culpabilidad y remordimiento por haber cometido estos asesinatos. Después de ministrarle liberación, fue libre de toda culpabilidad.

¿Cómo ser libre de las consecuencias de las prácticas del aborto?

- Arrepentirse delante de Dios y pedirle perdón por haber asesinado a una criatura en su vientre.
- Renunciar al espíritu de asesinato, culpabilidad, remordimiento y esterilidad.
- Pedir al Señor que sane nuestra alma y limpie nuestro cuerpo.

9. La práctica del sexo anal

Éste es un acto sexual que va en contra de la naturaleza establecida por Dios. En ocasiones, es practicado para evitar el riesgo de embarazo.

Esta práctica puede llevar a una de las personas a practicar el homosexualismo. Algunas mujeres se sienten tan desagradadas que no pueden hablar de esto en una reunión o sesión de consejería o liberación. Las personas que practican o han practicado el sexo anal tienen gran necesidad de ser libres de espíritus de lascivia, homosexualismo, degradación, depravación, perversión, culpabilidad, vergüenza y baja autoestima.

10. Actividades sexuales con demonios

Esta práctica viene de antes. Veamos lo que dice la Escritura respecto a esto.

"[4]Había gigantes en la tierra en aquellos días, y también después que se llegaron los hijos de Dios a las hijas de los hombres, y les engendraron hijos. Éstos fueron los valientes que desde la antigüedad fueron varones de renombre". Génesis 6.4

A través de la historia, se han conocido frecuentes casos de demonios que se acercan a una mujer o a un hombre y tienen relaciones sexuales.

Hay dos tipos de espíritus involucrados en este tipo de actividad:

- Espíritu "*íncubos*": demonio con apariencia de varón que estimula y lleva a la mujer a tener placer sexual.
- Espíritu "*súcubo*": demonio con apariencia femenina que estimula y lleva al hombre a la eyaculación.

En los últimos años, muchas personas han recibido liberación de estos espíritus. Dios nos ha dado la oportunidad de hacerlos libres con el poder de Jesús.

¿Qué hacer para ser libre de estos espíritus?

- Arrepiéntase delante de Dios por haber abierto puertas al enemigo.

- Renuncie con todo su corazón y repita esta oración: "yo renuncio a todo espíritu íncubo y súcubo y le ordeno que se vaya de mi vida, en el nombre de Jesús".

Algunos puntos importantes que debemos recordar:

- El adulterio y la fornicación se pueden cometer con los ojos, con el corazón, con la mente y con el cuerpo.

- La lujuria o la lascivia es llegar al punto de la indecencia y de no tener ningún freno en el comportamiento sexual.

- Las tres grandes causas de los pecados sexuales son las maldiciones generacionales, los abusos sexuales del pasado y la pornografía.

- La solución para prevenir los pecados sexuales es huir, y solamente huir.

- La masturbación es un pecado delante de los ojos de Dios.

- El adulterio y la fornicación tienen grandes consecuencias, tales como: corromper el alma, traer vergüenza, heridas, muerte; y aquellos que lo practican, no heredarán el reino de Dios.

- La pornografía en videos y revistas lleva a las personas a la prostitución y a la depravación moral.

- Dios ama a la persona que practica la homosexualidad, pero odia el pecado que practica.
- Dios no creó a nadie homosexual, porque "varón y hembra los creó".
- Las maldiciones generacionales y el abuso sexual son una de las causas más grandes de la homosexualidad.
- Dios tiene el poder de hacer libre al homosexual.
- El aborto es un asesinato delante de los ojos de Dios.
- La persona que practica el aborto, arrastra en su vida culpabilidad, rechazo y remordimiento.
- Para ser libre de estos pecados sexuales, haga una lista de cada uno de ellos y siga los pasos mencionados en el capítulo de la autoliberación para que usted sea libre.

CAPÍTULO 10

LA BRUJERÍA, LA HECHICERÍA, EL OCULTISMO Y LAS SECTAS

En la sociedad en que vivimos, hay un sinnúmero de verdades que los hijos de Dios necesitan conocer, para no caer en errores que les puedan llevar a perder su salvación. El Señor, como conocedor de todas las cosas, sabía lo que iba a ocurrir; no en vano dice en su Palabra que, su pueblo padece por falta de conocimiento. Es mi intención, que este capítulo le dé una idea de lo que significan algunas prácticas, cultos y sectas, que de una forma muy sutil, engañan a las personas que están buscando la solución a sus problemas, tratando de llenar ese espacio vacío en sus corazones, que sólo Dios puede ocupar.

Acupuntura

La explicación científica moderna es, que al insertar las pequeñas agujas en los puntos de acupuntura o meridianos, se estimula el sistema nervioso para que descargue unas sustancias químicas en los músculos, médula espinal y cerebro. Estos químicos activarán la descarga de otros químicos y hormonas, los cuales influyen en el sistema regulador interno del cuerpo. Suena bien, ¿verdad? Pero, ¿qué hay detrás de esta práctica?

Esta práctica es originaria de China, donde se emplea desde hace más de 2,500 años, y su base es la hechicería china. Es asimilada por casi todos los países del mundo, especialmente por los más avanzados (EEUU, Rusia, Canadá, y las naciones europeas que fueron las que la introdujeron en Occidente). Pero, ¿sabía usted que al hacer esto, la persona entra en alianza con demonios que controlan el dolor? Para este proceso, se usan agujas finas de acero inoxidable, esterilizadas y/o descartables, que son insertadas en puntos precisos de la superficie cutánea y mantenidas en su sitio, de 5 a 40 minutos, según el caso. La mayoría de los acupuntores realizan rituales con las agujas antes de aplicarlas. La pregunta que surge es la siguiente: ¿Se sometería usted a un tratamiento de acupuntura sabiendo su verdadero origen o trasfondo?

Recordemos que hay caminos que al hombre le parecen derechos; pero, su fin es camino de muerte (Proverbios 14.12). Aquí se está hablando de controlar la energía del cuerpo, cuando sabemos que nuestra energía y todo nuestro ser deben estar bajo la dirección del Espíritu Santo de Dios, y que nuestra sanidad proviene solamente de Él.

Medicina alternativa

Se considera como el conjunto diverso de sistemas, prácticas, productos médicos y atención de la salud, para tratar diversas enfermedades que no se consideran parte de la medicina convencional. Para que sea considerada como tal, debe pasar por ciertas investigaciones importantes, que permitan establecer la seguridad del paciente y la eficacia de los tratamientos. En muchas ocasiones, toman como base la medicina tradicional China y su filosofía, la nueva era, espiritismo, visualización o lectura (adivinación) del iris del ojo, palmas de la mano, el aura, acupuntura, hipnosis, yoga, regresiones, aromaterapia, que sin saber, terminan involucrando al paciente en lo místico y lo oculto.

¿Cuál es la respuesta de Dios al respecto?

"[4]Ciertamente llevó Él nuestras enfermedades, y sufrió nuestros dolores; y nosotros le tuvimos por azotado, por herido de Dios y abatido. [5]Mas Él herido fue por nuestras rebeliones, molido por nuestros pecados; el castigo de nuestra paz fue sobre Él, y por su llaga, fuimos nosotros curados". Isaías 53.4, 5

Adivinación

El hombre siempre ha tenido un gran deseo de saber el futuro y experimentar todo lo que es sobrenatural. La práctica de la adivinación ha engañado a muchas personas. Pues, el enemigo siempre ha querido copiar todo lo de Dios, y la profecía no iba a ser la excepción; pues la adivinación no es más que una copia de este don del Espíritu Santo. La adivinación es un intento humano de conocer y controlar el mundo y el futuro, dejando de lado al Dios verdadero. Pero, es grave ofensa preguntar a otro que no sea Dios sobre estas cosas, porque Él es el único que lo conoce e invita al hombre para que se haga lo que Él ya preparó. "Así dice Jehová, el Santo de Israel, y su formador: preguntadme de las cosas por venir" (Isaías 45.11) Todo intento de saber acerca de algo, por medio de cualquier vía que no sea la de Dios, es una práctica de adivinación. Cuando las personas creen que están comunicándose con familiares que han fallecido, están siendo engañadas; pues no son más que demonios aliados a la persona que se dedica a la adivinación, para hacerse pasar por ellos, acreditándoles información y poder.

¿Qué dice la palabra de Dios al respecto?

"[10]No sea hallado en ti quien haga pasar a su hijo o a su hija por el fuego, ni quien practique adivinación, ni agorero, ni sortílego, ni hechicero, [11]ni encantador, ni adivino, ni mago, ni quien consulte a los muertos. [12]Porque es abominación para con Jehová cualquiera que hace estas cosas, y por estas abominaciones Jehová tu Dios echa estas naciones de delante de ti". Deuteronomio 18.10-12

Después de haber leído los versículos anteriores, muchos se preguntarán: ¿Qué diferencia habrá entre un adivino, un agorero, un sortílego, un hechicero, un encantador y un mago? Es difícil establecer una diferencia entre cada uno de ellos, pues la mayoría ejerce varias actividades al mismo tiempo; sin embargo, tratemos de establecer la diferencia:

Adivino: supuestamente predice el futuro o trata de interpretar sueños. En todo caso, esta práctica va acompañada de invocaciones a una deidad para que dé una respuesta.

Agorero: Ejerce una forma de adivinación que pretende determinar cuáles son los días de buena o mala suerte.

Sortílego: es la persona que pretende "leer la fortuna" o suerte de los demás, usando diferentes medios, tales como: cartas, copas, la mano, huevos, entre otros.

Hechicero: es aquel que hace ungüentos, fórmulas de alimentos, pócimas, recetas, etcétera, los cuales van acompañados de conjuros, que según ellos, sirven para lograr propósitos buenos o malos a favor de los interesados.

Encantador: Es la persona que ejercita actos de magia sobre algo o alguien mediante conjuros o mediante la relación con una deidad. En la antigüedad, era el hombre experto en manejar serpientes, y esto era practicado en el antiguo Israel, Mesopotamia y Egipto; también, con los mismos fines.

Mago: esta persona cree influenciar a los seres espirituales para bien o para mal, utilizando conjuros, encantamientos, ceremonias o palabras especiales. Esta práctica va mezclada con conocimientos de medicina, el poder curativo de las plantas o el estudio de los astros.

*"9...a pesar de la multitud de tus hechizos y de tus muchos encantamientos... 10...*tu misma ciencia te engañaron... *11Vendrá, pues, sobre ti mal, cuyo nacimiento no sabrás; caerá sobre ti quebrantamiento, el cual no podrás remediar; y destrucción que no sepas vendrá de repente sobre ti. 12Estate ahora en tus encantamientos y en la multitud de tus hechizos...13Te has fatigado en tus muchos consejos. Comparezcan ahora y te defiendan los contempladores de los cielos, los que observan las estrellas, los que cuentan los meses, para pronosticar lo que vendrá sobre ti. 14He aquí que serán como tamo; fuego los quemará, no salvarán sus vidas del poder de la llama; no quedará brasa para calentarse, ni lumbre a la cual se sienten. 15Así te serán aquellos con quienes te fatigaste, los que traficaron contigo desde tu juventud; cada uno irá por su camino, no habrá quien te salve". Isaías 47.9-14*

Astrología

Ésta es una rama de la adivinación conocida como un arte. Pero, es condenada por la Biblia. La astrología consiste en determinar la influencia de los astros sobre el curso de los acontecimientos terrestres, el destino de los seres humanos y en hacer predicciones sobre el futuro. Los astrólogos le atribuyen poderes a los diferentes planetas, incluyendo el Sol y la Luna (que eran identificados como los dioses de Babilonia y Asiria). Las personas dedicadas a la astrología, en su mayoría, son espiritistas involucrados en el ocultismo.

"[19]No sea que alces tus ojos al cielo, y viendo el sol y la luna y las estrellas, y todo el ejército del cielo, seas impulsado, y te inclines a ellos y les sirvas..." Deuteronomio 4.19

"[5]Y quitó a los sacerdotes idólatras que habían puesto los reyes de Judá para que quemasen incienso en los lugares altos en las ciudades de Judá, y en los alrededores de Jerusalén; y asimismo a los que quemaban incienso a Baal, al sol, y a la luna, y a los signos zodiacales, y a todo el ejército de los cielos".
2 Reyes 23.5

Horóscopo

Predicciones del futuro acerca de personas, países y cosas, por medio de la posición relativa de los astros del sistema solar y de los signos zodiacales. Cada signo tiene un significado de suerte o desgracia en un momento dado. Al suponer la influencia que éstos tendrían sobre los hombres, se les llegó a considerar dioses. El horóscopo personal se determina por la combinación de la fecha y hora de nacimiento de la persona y la posición de las estrellas durante ese acontecimiento. Esto, a su vez, es usado por la astrología.

"[2]Así dijo Jehová: No aprendáis el camino de las naciones, ni de las señales del cielo tengáis temor, aunque las naciones las teman". Jeremías 10.1,2

"[5]Y quitó a los sacerdotes idólatras que habían puesto los reyes de Judá para que quemasen incienso en los lugares altos en las ciudades de Judá, y en los alrededores de Jerusalén; y asimismo a los que quemaban incienso a Baal, al sol y a la luna, y a los signos del zodíaco, y a todo el ejército de los cielos".
2 Reyes 23.5

Brujería

Esta forma de hechicería está relacionada con objetos a los que se atribuyen propiedades mágicas, con ocultismo, con satanismo y con magia. Es practicada por quienes han hecho pacto con espíritus malignos o con el mismo Satanás.

"[12]Asimismo destruiré de tu mano las hechicerías, y no se hallarán en ti agoreros. [13]Y haré destruir tus esculturas y tus imágenes de en medio de ti, y nunca más te inclinarás a la obra de tus manos [14]Arrancaré tus imágenes de Asera de en medio de ti, y destruiré tus ciudades..." Miqueas 5.12

Hechicería

Es una forma de magia que, en un principio, tuvo que ver con la utilización de medicinas, fármacos, encantamiento y, luego, envenenamiento. También, es conocida como una obra de la carne, debido a que muchas personas viven dependientes de pastillas para dormir, para controlar su carácter y para su funcionamiento en general; y por lo tanto, tienen su confianza en las drogas. Estas personas, además, son adictas y no pueden vivir sin ellas, convirtiéndose en esclavas al cigarrillo, a las pastillas antidepresivos, a la cocaína, heroína y marihuana; no se han atrevido a creer en el poder de Dios para su liberación. La utilización de drogas en la hechicería es acompañada, generalmente, de encantamientos e invocaciones a poderes ocultos con la utilización de diversos amuletos, con el fin de impresionar a la persona con los poderes del hechicero. La palabra "*farmakia*", de la cual proviene la palabra actual farmacia, significa estar controlado por un espíritu; como por ejemplo, el de manipulación y control (Jezabel), que se manifiesta cuando una persona se deja llevar por sus deseos personales y permite ser influenciada por este espíritu al momento de orar, haciendo oraciones de manipulación y control hacia los demás.

¿Cuáles son las consecuencias de realizar estas prácticas?

"8Pero los cobardes e incrédulos, los abominables y homicidas, los fornicarios y hechiceros, los idólatras y todos los mentirosos tendrán su parte en el lago que arde con fuego y azufre, que es la muerte segunda". Apocalipsis 21.8

Magia

Conjunto de creencias y prácticas basadas en la idea de que existen poderes ocultos en la naturaleza y que se deben conciliar o conjurar para conseguir un beneficio. Esta práctica intenta alejar malos espíritus, conjurar la mala suerte o curar a la gente de algún hechizo o de algún espíritu malo (magia blanca). Por otro lado, provoca una desgracia conciliando espíritus malos y fuerzas sobrenaturales para que ejerzan sus poderes contra alguien a quien se intenta perjudicar (magia negra), logrando así una eficacia material. Muchas personas, en su ignorancia, han llegado a pensar que existe una magia buena y una magia mala, pero eso es una mentira que el enemigo ha querido colocar en sus mentes, pues no existe tal cosa, ya que todo tipo de magia está en contra de Dios, y por lo tanto, es mala. Yo le pregunto: si Dios está en contra de este tipo de prácticas, ¿será que Él se contradice y manda espíritus buenos o ángeles por medio de un mago a que lo ayuden? Claro que no. Dios honra su palabra y Él es el único que puede hacer algo verdaderamente bueno por usted. Él es el único que lo puede librar de cualquier maldición que haya en su vida o de cualquier influencia que haya adquirido al realizar cualquier tipo de magia.

"6 Y pasó a su hijo por fuego, y se dio a observar los tiempos, y fue agorero, e instituyó encantadores y adivinos, multiplicando así el hacer lo malo ante los ojos de Jehová, para provocarlo a ira". 2 Reyes 21.6

Espiritismo

Ésta es una ciencia oculta que tiene como objetivo provocar las manifestaciones de seres inmateriales o espíritus, y entrar en comunicación con ellos por medios ocultos a través de personas en estado de trance hipnótico llamados médium. El médium es un receptor de mensajes, quien recibe información directa de demonios o "guías asistentes". Los practicantes del espiritismo alegan que el más allá es muy lejano y que ellos son nuestra guía, quienes nos cuidan y nos protegen. Esta práctica se ha diversificado en muchas otras, tales como: la quiromancia, cartomancia, astrología, vudú, camdomble, umbamda, macumba, entre otras. Todas éstas no son más que un intento de separar al hombre de su Creador.

"19 Y si os dijeren: Preguntad a los encantadores y a los adivinos, que susurran hablando, responded: ¿No consultará el pueblo a su Dios? ¿Consultará a los muertos por su Dios? Isaías 8.19

"[10]No sea hallado en ti ...quien consulte a los muertos. [12]Porque es abominación para con Jehová cualquiera que hace estas cosas..." Deuteronomio 18.10-12

Ocultismo

Es una creencia basada en todo lo oculto y misterioso; abarca la adivinación, la brujería, el espiritismo, la magia y todo aquello que es oculto y que no tiene nada que ver con Dios; pues el ocultismo está totalmente prohibido por Él.

"[22]...porque no hay nada oculto que no haya de ser manifestado; ni escondido, que no haya de salir a luz". Marcos 4.22

La ouija

Ésta es una práctica espiritista que, en la mayoría de los casos, se toma como un juego. En las tiendas de juguetes más grandes, la venden como pasatiempo, sin imaginar el daño que le puede ocasionar a una persona.

Fue descubierta por las hermanas Fox en 1800, quienes empezaron a golpear la mesa y recibieron ruidos como respuesta de los espíritus. Esta práctica fue muy conocida y practicada, lo que provocó que muchas personas se convirtieran en médiums al hacer más simple la invocación de espíritus. Después, se creó lo que hoy se conoce como una tabla en forma de triángulo, en la que aparece escrito el abecedario y los números. Estos elementos permiten crear mensajes en respuestas a preguntas hechas. El espíritu va a usar la persona más sensible a lo espiritual para comunicarse, y el resto de los participantes serán intercomunicadores. Al llevar a cabo este juego, se pone en peligro la vida de los integrantes, debido a que pueden ocurrir muchas cosas, tales como: que un espíritu burlón haga volar objetos y lastime a alguien, o que la persona quede expuesta espiritualmente a cualquier situación que le cause hasta la muerte.

Satanismo

Culto dedicado a Satanás. Lamentablemente, muchos jóvenes han caído en este tipo de culto; no solamente con el interés de buscar lo oculto, sino en búsqueda de su identidad, una identidad que sus padres no han podido brindarles. (¡Qué triste es que el enemigo se aproveche de la falta de identidad de una persona para lograr su cometido!) El satanismo tiene un alcance bastante grande, y en su mayoría, las drogas y las pandillas hacen parte de él. Sobra recalcar, que este culto tiene una completa incompatibilidad con todo lo relacionado al evangelio. Es decir, no se puede estar con Dios y con Satanás al mismo tiempo.

"11¿Acaso alguna fuente echa por una misma abertura agua dulce y amarga? 12Hermanos míos, ¿puede acaso la higuera producir aceitunas, o la vid higos? Así también ninguna fuente puede dar agua salada y dulce". Santiago 3.11, 12

Tarot

Es el conjunto de setenta y ocho cartas, más largas y con figuras diferentes a las cartas ordinarias, especialmente dedicadas a juegos de adivinación o cartomancia. Por lo general, esto es practicado por psíquicos, que se creen expertos en este juego, y adquieren jugosas ganancias a costa de personas desesperadas en busca de una respuesta y un camino para sus vidas. Alguien que se haya sometido a esto alguna vez en su vida, se preguntará: ¿por qué cuando fui, me dijeron algunas cosas de mi vida que me sucedieron? Primero, recordemos que el enemigo siempre ha querido imitar los dones del Espíritu Santo y lo hace por medio de espíritus "familiares", pues estas personas se alían a ellos para conseguir información. Y todo este tipo de información que sea conseguida por un medio diferente al de Dios, es abominación delante de sus ojos.

Telepatía

Transmisión extrasensorial de sensaciones y pensamientos (forma de control mental usada en la hipnosis) a gran distancia entre dos o más sujetos. Cuando esta habilidad está muy desarrollada en una persona, ésta tiene la capacidad de controlar la mente de otra a su conveniencia.

Las personas sólo deben estar dirigidas por el Espíritu Santo de Dios. Todo intento de manipulación y control, enciende la ira de Jehová.

Hipnotismo

Es un estado de trance al que es llevado un individuo bajo la guía de otro. Y supuestamente, es usado para causar cambios en la persona en sus pensamientos, conducta, sensaciones y sentimientos. Esta práctica es muy peligrosa, ya que no sólo es una puerta que se le abre a influencias demoníacas en el momento en que su mente está bajo hipnosis, sino que además, puede llegar a un punto donde puede acceder a darle su alma al diablo y ni siquiera tener conciencia de ello. Durante este trance hipnótico, la persona no distingue lo real de lo ficticio, siendo ésta una diferencia con el control mental, porque la persona que participa de éste último, lo hace de manera inconsciente.

"12 Todas las cosas me son lícitas, mas no todas convienen; todas las cosas me son lícitas, mas yo no me dejaré dominar de ninguna". 1 Corintios 6.12

Control mental

Se refiere a un cambio de creencias, personalidad y actitud; y como mencionamos anteriormente, esto se hace sin el consentimiento de la persona, con métodos propios de esta práctica. En ocasiones, es usado para obtener información de índole personal, para ser usada en contra de la persona, sin que ésta se dé por enterada de lo que está diciendo. Una vez que se logra el objetivo (cambio en la manera de pensar), se puede seguir ejerciendo influencia sobre el individuo, causando en él muchas cosas que antes no había experimentado, tales como: baja autoestima e inseguridad porque siente que tiene que depender y buscar la aprobación del controlador todo el tiempo; también, siente miedo a la soledad y al aislamiento, que no puede lograr tener éxito en la vida, y por esto, empieza a experimentar sentimientos de fracaso y mediocridad.

Levitación

Fenómeno por el que un cuerpo se eleva del suelo y se mantiene en el aire sin ninguna clase de soporte natural; algunos elevan objetos y otros a personas. Los parasicólogos dicen que la levitación es posible sólo por medio del control mental; y los antiguos budistas y taoístas dicen que es con la meditación, la paz interior y la sincronización con la naturaleza. Dios es el creador del hombre y ha establecido leyes naturales como la gravitación para que podamos vivir aquí en la tierra. ¿Por qué querer tomar el papel de superhombre para hacer cosas que Dios no ha establecido?

Metafísica

La metafísica estudia todo lo que el hombre no puede percibir por sus cinco sentidos, independientemente de sus diversas manifestaciones o fenómenos. En realidad, es querer penetrar en el más allá o detrás de lo físico y saber las cosas trascendentales de Dios y el alma, sin tener en cuenta la fe ni a Dios mismo.

Parasicología

Es el estudio de los fenómenos paranormales, especialmente la percepción extrasensorial y la sicoquinesis. Es considerada como una rama de la psicología, pues atribuye los hechos psíquicos, donde no intervienen órganos sensoriales conocidos, a la actividad inconsciente de la persona. Se encuentra en actividades muy similares a las del ocultismo y las ciencias ocultas. Estas prácticas son prohibidas por Dios.

Nueva era

No tiene un principio definido, ya que tiene ideas de varias religiones que enseñan que el hombre se puede salvar por sus propios medios y que puede hacer todo lo que se proponga. ¿Qué dice la Palabra al respecto? *Efesios 2.8, "[8]Porque por gracia sois salvos por medio de la fe; y esto no de vosotros, pues es don de Dios".* Exaltan a la "diosa madre tierra" fecundada por el Sol. Practican la meditación, la concentración, el relajamiento, las fantasías, técnicas de regresiones mentales, control mental, autocontrol, espíritus guías y la parapsicología. Los que la practican, le hacen creer a los niños que son perfectos y que no necesitan de Jesús.

Proyección astral

Conocida también como viajes astrales o viaje del alma, bilocación y desdoblamiento. Consiste en proyectar el alma a otro lugar; pero, según las personas que la practican, dicen que es la separación parcial o total del alma y el cuerpo, y que es necesario que ocurra un desdoblamiento para que el alma se pueda desplazar fuera de los límites del cuerpo físico, quedando unido al cuerpo por un "cordón de plata", que si se rompe, la persona muere. Esta práctica ocultista es realizada con diversos fines, tales como: recargarse de energía, desplazarse a otros lugares, comunicarse con otros seres (muertos), reforzar las facultades extrasensoriales, espiar, y en casos más avanzados, espiar, pero usando una vista astral o tercer ojo. También es usada por los satanistas para destruir a las iglesias.

Santería

Es el resultado de la mezcla entre las religiones africanas y la cultura católica de los españoles en el momento que los esclavos africanos fueron llevados a Cuba. Ellos dicen tener un sólo dios llamado *Olofi*, pero éste se encuentra muy lejos y no tiene intereses personales en el ser humano. Por esto, tienen que recurrir a intermediarios llamados *orichas*, que son los "mediadores" entre este dios y los hombres. En sí, es una religión de adivinación y magia, la cual tiene alrededor de cuatrocientas deidades, entre las cuales se encuentran las siguientes: *Ochún* (Virgen de la Caridad) color amarillo - dueña del amor, el matrimonio, patrona de Cuba; *Obatalá* (Virgen de las Mercedes, El Niño Negro) color negro - patrón de la paz y la pureza; *Changó* (Santa Bárbara) color rojo - patrón de la virilidad, el fuego, el relámpago y el trueno; Babalú Aye: San Lázaro, color morado; Elegua (Niño de Atocha, San Antonio) - guardián de las puertas, incluso la de los muertos, mensajero de Olofi y del resto de los santos, usado para la adivinación; *Oyá* (Santa Teresa, Virgen de las Candelarias) Reina de los muertos y patrona de los cementerios.

Su fin es adorar a todos estos *orichas* con todo lo que esto implica (cultos, ritos, sacrificios de animales, ofrendas, toma de brebajes, veneración a los muertos, etcétera), con el fin de recibir protección, solucionar situaciones de la vida cotidiana, obtener poderes, dedicar personas a ellos y, en última instancia, lucrarse con los trabajos realizados, la compra y la venta de imágenes, etcétera.

¿Qué dice la Biblia con respecto a esto?

"5 Porque hay un sólo Dios, y un sólo mediador entre Dios y los hombres, Jesucristo hombre, 6 el cual se dio a sí mismo en rescate por todos, de lo cual se dio testimonio a su debido tiempo". 1 Timoteo 2.4, 5

Reencarnación

Es la encarnación de un alma en un cuerpo después de que ésta se separó de otro cuerpo, debido a la muerte del mismo. Su doctrina está basada en que la vida y el tiempo son ciclos que implican un proceso de purificación del alma a través de la transformación.

¿Pero, qué dice Dios al respecto?

"27Y de la manera que está establecido para los hombres que mueran una sola vez, y después de esto el juicio".
Hebreos 9.27

Muchas personas toman esto muy livianamente; pero todos debemos saber acerca del juicio que hay después de la muerte. Entender esto nos permite vivir en el temor reverente de Dios y concientizarnos de la importancia de interceder por los perdidos. Muchas personas viven engañadas pensando que, después de la muerte, todavía tienen una oportunidad de salvación en la reencarnación.

Budismo

Religión fundada por Buda. Pretende ser una respuesta al dolor y al sufrimiento que se presenta en el diario vivir; y lo hace buscando salir del ciclo de nacimiento y muerte para alcanzar el *nirvana (estado de no sufrimiento)*, que es librarse de la causa del sufrimiento. El sufrimiento puede ser destruido o aniquilado si se elimina el control ejercido por los deseos. Su meta es llevar al hombre a extinguirse a sí mismo como único medio de liberación del sufrimiento.

Mientras estas personas dedican su vida a buscar librarse del sufrimiento de la vida, Dios nos deja saber que:

- Él siempre estará con nosotros, aun en momentos difíciles: *"2Cuando pases por las aguas, yo estaré contigo; y si por los ríos, no te anegarán. Cuando pases por el fuego, no te quemarás, ni la llama arderá en ti". Isaías 43.2*

- Debemos confiar en Él: *"[6]Por nada estéis afanosos, sino sean conocidas vuestras peticiones delante de Dios en toda oración y ruego, con acción de gracias". Filipenses 4.6*

- Él nos da la paz: *"[3]Tú guardarás en completa paz a aquel cuyo pensamiento en ti persevera; porque en ti ha confiado". Isaías 26.3*

Islamismo

La palabra árabe islam significa "sumisión a Dios". Es un conjunto de dogmas y preceptos que constituyen la religión de Mahoma. El devoto tiene cuatro obligaciones: la oración, el ayuno durante el mes lunar de Ramadán, la repartición de las limosnas y una peregrinación a la ciudad santa de la Meca, si es posible. El Islamismo no acepta la trinidad, pues cree en el Espíritu Santo como una fuerza que emana de Dios y ve a Jesucristo como un profeta que vino después de Juan el Bautista, y que Mahoma fue el último profeta. Cree que Alá es el mismo Dios de Abraham, quien terminó su revelación en Mahoma. Por otro lado, la mujer ocupa un lugar inferior. Los muertos en guerra santa, (guerra para expandir el Islam), según ellos, tienen la entrada al cielo garantizada. El infierno del Islamismo sólo es aceite hirviendo y fuego para los que no siguieron los preceptos de Alá. Los musulmanes rezan cinco veces al día, y su fin es glorificar a Alá. Ellos dicen que el hombre tiene un destino ya establecido, y por esto, cada vez que acontece algo, el árabe dice: "escrito está", y si sucede algo fuera de lo normal, es culpa del hombre. El Islam desconoce el pecado original.

En cuanto a Mahoma, no cabe duda que fue un falso profeta que tuvo gran influencia sobre naciones enteras, y que hasta nuestros días, no hemos terminado de ver las consecuencias.

"[24]...porque se levantarán falsos Cristos, y falsos profetas, y harán grandes señales y prodigios, de tal manera que engañarán, si fuere posible, aun a los escogido". Mateo 24.24

Hinduismo

Es una religión popular de la India, Ceilán y Birmania, la cual está llena de ceremonias y rituales. Su fin es alcanzar poderes sobrenaturales sobre este mundo y sobre todas las cosas, haciendo sacrificio de animales. El Hinduismo es más una expresión social que, propiamente, una manifestación religiosa, debido a la relación que existe entre esta religión con todos los aspectos de la vida (hasta los más insignificantes). Es politeísta, tiene dioses, tales como: *Brama* (el creador de todas las cosas), *Vishnú* (conservador del universo) y *Siva* (consolador). La diosa *Kali* es también muy popular. *Brama, Vishnú* y *Siva* conforman la trinidad máxima del Hinduismo. Dicen que el hombre es como cualquier otra criatura, y que la reencarnación es la esperanza para llegar a una casta más avanzada, y que por medio del *Karma,* va obteniendo méritos espirituales junto a las divinidades. El destino del hombre no depende de ninguno de sus dioses sino del esfuerzo de cada uno.

"[11]Este Jesús es la piedra reprobada por vosotros los edificadores, la cual ha venido a ser cabeza del ángulo. [12]Y en ningún otro hay salvación; porque no hay otro nombre bajo el cielo, dado a los hombres, en que podamos ser salvos". Hechos 4.11, 12. En sí, todo este tipo de herejías que están en

contra de la fe en Dios, son casi las mismas en diversas sectas, pero están presentadas en diferentes formas.

Yoga

Es una disciplina espiritual y corporal que tiene como fin liberar el espíritu de las tensiones del cuerpo por el dominio de su movimiento, de su ritmo y de la respiración. Existen dos tipos de yoga: el *hatha-yoga*, el cual es para adquirir poderes mágicos, y el *raja-yoga*, dedicado a la perfección espiritual. El yoga practicado en occidente es una evolución del yoga hindú, y se practica con el fin de "mejorar el cuerpo y la mente".

El Hare Krishna

Es una de las muchas sectas orientales que ha llegado a América Latina; y es la única secta hindú que es monoteísta. Tiene gran influencia en los jóvenes, quienes lo dejan todo para ayudar a propagar esta creencia: el esclarecimiento espiritual y el amor de Dios (*Krishna*). Esto incluye ir a vivir bajo el mismo techo de los maestros y demás integrantes; llevan una vida comunitaria. Su Dios es *krishna*, quien, en realidad, nunca existió, sino que es el personaje de una novela hindú llamada "*Mahabarata*", que aparece en el capítulo 18, llamado *"Gita"*. Cada vez que entonan el mantra, (Hare Krishna... Hare Rama...), dicen que reciben poder y aceptación de su dios. Todos los seres están sujetos a la ley del *karma*. Creen que Jesús, Buda y Mahoma fueron solamente reformadores religiosos. Creen en la existencia de vida en otros planetas, en que el alma es inmortal, y que el cuerpo es considerado como una condición de enfermedad. Estas personas viven prácticamente esclavizadas; por ejemplo, duermen en el piso duro, pueden tener sexo con su cónyuge solamente una vez al mes y después de haber cantado el mantra durante cinco horas; comen poco, no pueden jugar, incluyendo practicar algún deporte, no pueden conversar nada diferente a este movimiento y aunque evitan muchas cosas como las drogas, el sexo ilícito, el tabaco, el café y su comida es vegetariana, no deja de ser algo contrario a Dios y totalmente peligroso, especialmente para la juventud. Anualmente, son publicados más de quince millones de volúmenes con literatura en más de 30 idiomas.

Rosacruces

Sociedad religiosa de corte masónico. La rosa representa el cuerpo humano, y la cruz el triunfo obtenido a través de la sangre apasionada de los hombres. Definen a Dios como energía. A los iniciados, se les exige que pongan un altar con dioses egipcios en sus hogares, a los cuales les ofrendan incienso y velas. Instruyen a sus miembros a que se pongan en contacto con los espíritus de los maestros ya fallecidos, y de esta manera, el iniciado se convierte en un médium. Enseñan un sistema de filosofía física y metafísica para que un individuo pueda tener una vida más útil y "feliz". Los miembros practican proyección astral para desarrollar intuición interior y tener poder de influencia mental. Una vez más, nos encontramos con adoración de imágenes, espiritismo, metafísica, proyección mental, control mental, entre otros. Aunque, en muchas ocasiones, se niegue la asociación del nombre como tal a estas prácticas, la realidad es que todo esto es realizado.

Masonería

La masonería es una sociedad secreta, que surgió con fines de ayuda a los albañiles. Se agrupan en logias (lugar de asamblea). Aunque, debido a sus divisiones, es muy difícil establecer un patrón masónico. A pesar de que alegan no ser una religión, tienen muchas características de una. A Dios, lo llaman el "gran arquitecto del universo". Quieren alcanzar un patrón moral más alto que el de los demás y lo hacen por medio de grados. En cada uno, se enseña una moral diferente. Para cada grado hay un juramento específico, así no se sepa por lo que se está jurando (juran por cosas que todavía no conocen). *"[4]O si alguno jurare a la ligera con sus labios hacer mal o hacer bien, en cualquiera cosa que el hombre profiere con juramento, y él no lo entendiere; si después lo entiende, será culpable por cualquiera de estas cosas"*. También, prohíben la entrada a las mujeres, aunque ya existe la masonería femenina. Los secretos de la masonería constan de símbolos, alegorías, ritos, ceremonias, señales de identificación, doctrinas filosóficas, dogmas religiosos y misterios del Judaísmo y del paganismo egipcio y babilónico. Creen que con las obras, se gana la salvación, porque dicen que el hombre no es pecador sino sólo imperfecto. *"[8]Porque por gracia sois salvos por medio de la fe; y esto no de vosotros, pues es don de Dios". Efesios 2.8.* Uno de los textos clásicos de la masonería fue escrito por Albert Pike (miembro activo del Ku Klux Klan), quien se declaró abiertamente ocultista. Esta secta no cree en la trinidad. Asegura que Jesús estuvo con unos monjes en el Tibet y era conocido allí como el profeta *Issa*, y que después, Él salió a enseñar todo lo que había aprendido de estos monjes.

Chakras

Se refiere a los centros principales de energía que están alineados a lo largo del cuerpo astral del hombre, ubicados en el centro de la médula espinal y en los plexos nerviosos del cuerpo humano. Según el pensamiento oriental, estos centros neurológicos son la acumulación de energía del universo y la mediación entre el plano inmaterial y el cuerpo físico. Estos puntos fueron descubiertos en la India y han sido utilizados por brujos y magos para suministrar equilibrio así como para generar y proyectar poder. Estos centros principales de energía pueden desarrollarse por medio de la voluntad y diferentes "mantras" (repetición rápida de una serie de palabras o nombres de dioses del panteón hindú).

Dios prohíbe todas estas prácticas y las condena. También castiga a aquellos que se involucran en ellas.

Testimonio: Había estado en una religión ocultista llamada "la iglesia nóstica". Desde el año 80 hasta el 93, su creencia ha sido una mezcla de todas las religiones budistas, rosacruces, de todo. Yo tenía un grupo de personas a mi cargo, con las cuales oficiaba ceremonias a puerta cerrada. Luego, conocí unas personas que me predicaron otras cosas, y me retiré de esa iglesia; pero al hacerlo, comenzó una maldición muy grande en mi vida de pobreza, enfermedad y depresión. Mi vida era un desastre, mi matrimonio estaba al borde del fracaso; mi esposo llegó a atentar contra mi vida, contra la vida de mis hijos y la de él mismo.

Conocí al Señor hace dos meses, cuando una hermana, que asiste a la iglesia hace tres años, hizo un pacto por mí para que el Señor me rescatara. En ese tiempo, yo era testigo de Jehová y no me permitían ir a otra iglesia. Sin embargo, cuando me invitaron a la iglesia cristiana, fui por educación. Cuando entré por primera vez, tuve una lucha interna, y le pedí a Dios que me revelara si estaba en el sitio correcto. Al salir, vi el anuncio del retiro de nuevos creyentes y, (aunque yo pensaba que no era una creyente nueva, pues viví engañada grandemente), fui al retiro. También, leí el libro de Sanidad Interior y Liberación, el cual me traspasó el corazón como una espada y me di cuenta de cuántas cosas yo tenía que ser libre. Cuando estaba en el retiro, hicieron un llamado para las personas que habían estado en religiones ocultistas. En el momento que renuncié a todas estas prácticas, todo me empezó a dar vueltas, me entró desesperación, quería salir corriendo y empecé a dar brincos. Varias personas se acercaron y oraron por mí y fui libre; oí al Señor que me dijo: "tú estabas equivocada". Yo estaba comiendo las migajas que caen de la mesa, pero ahora estoy comiendo como una hija.

Testimonio: Mi problema era el ocultismo. Tengo un hermano que nació con una lesión encefálica, y eso provocó que mi mamá se ocupara más de él y que yo fuera quedando relegada. Caí en ocultismo cuando mi tía me empezó a tirar las cartas tarot en la casa. Me enseñó las cartas españolas y me llevó a las reuniones espiritistas para invocar espíritus muertos. Yo toqué fondo y tuve tres intentos de suicidio. Tomaba veneno y combustible para matarme. Tomaba pastillas formuladas por médicos, debido a que ellos trataban estos casos como una deficiencia mental. Me tomé todas las pastillas hasta que perdí el conocimiento, y me llevaron al hospital en una crisis; estuve 11 días paralítica, y fue debido al espiritismo, al ocultismo, al lumbanda (culto afrobrasilero que se mueve mucho en Argentina). Yo me revolcaba como una víbora; tenía la mente completamente atada y ya no estaba conciente de lo que hacía. Hasta que fui a la iglesia donde tuve una conversión instantánea. El Señor me libertó. Desde que recibí al Señor, su paz entró en mi vida. ¡La que era la oveja negra, es ahora la pastora de la familia!

Testimonio: Salí de las pandillas, las drogas, los tiroteos, el rechazo y todo lo que esto conlleva. Todo comenzó por la falta de mi padre. Él se fue cuando yo tenía seis años de edad, y eso causó un sentimiento de rechazo terrible en mi vida. Mientra vivía con nosotros, mi padre era mujeriego y trataba mal a mi mamá. Ella estaba muy mal, y para quitarse la depresión, empezó a buscar a los santeros. Yo estuve en drogas, y además, buscaba amor y aceptación en las padillas. Recuerdo que una vez que estaba vendiendo marihuana, como a la 1:00 am, fue el día que confronté la muerte más de cerca, debido a un tiroteo con la policía. Por otro lado, yo tenía un amigo que me volvía loco hablando de Cristo; y aunque yo no quería ni verlo, todo lo que él me decía, había quedado en mi mente; y un día que me quería quitar la vida, me arrodillé y dije: "Señor, si existes y es verdad que Cristo vive, y es verdad que Cristo me ama, como me dice este muchacho, te entrego mi vida". Yo nunca había llorado, debido a que todo el dolor que mi padre me causó, había endurecido mi corazón. Ahora soy libre y le sirvo al Señor con todo mi corazón. Él me limpió y me dio el amor que yo necesitaba.

Testimonio: Mi papá y mi abuelo eran borrachos, y yo seguí sus pasos por 21 años. Cuando llegué a los Estados Unidos, probé la cocaína. Estuve asistiendo a la iglesia durante un mes, estaba indeciso en cuanto a aceptar a Cristo; pero un día, sentí que necesitaba de Dios y acepté al Señor. Después de esto, estando en mi trabajo, me encerré en el baño y clamé al Señor diciendo: "sólo tú me puedes quitar este vicio". Renuncié al espíritu de drogadicción, cogí la bolsa de droga que tenía en la cocina y la boté en el "toilet". Me siento limpio, y quiero decirle a todos aquellos que están atados al alcoholismo y a la drogadicción, y que creen que su problema no tiene solución, que si buscan al Señor, pueden ser libres.

Testimonio: Yo vengo de un trasfondo de siete generaciones de santería, brujería, ocultismo y todo lo que estos ritos incluyen. Hace como un año, me estaba sintiendo muy inquieta. Yo era católica y cuando entraba a la iglesia, sentía una tristeza muy grande. Después de seis meses de estar buscando, tenía hambre de algo; entonces una muchacha, dueña de un restaurante, me invitó a una célula familiar y me puso en oración. Asistí a esa célula, hice la oración del pecador, y ahora lo que quiero es aprender la palabra de Dios. Hoy boté todos los santos, todas esas "porquerías". Sin embargo, cuando fui a botar todo eso, la policía me preguntó qué era lo que estaba botando y yo le dije: "tengo siete generaciones de santera, ayer me bauticé en Cristo, recibí el Espíritu Santo y ahora quiero botar todo esto de mi casa". Se metió en el carro y cuando salió, me preguntó el nombre de la iglesia a la cual asistía, y le contesté al Ministerio Internacional El Rey Jesús; entonces me dijeron que tenía que contar lo mismo en la corte. Llamé a mi amiga y ella me dijo que me cubriera con la sangre de Cristo. Por primera vez, me siento libre y clara de mente, alma y corazón. ¡Gloria a Dios!

CAPÍTULO 11

LA BAJA AUTOESTIMA

Uno de los grandes problemas de la sociedad de hoy día, es la falta de identidad. Hay un sinnúmero de personas buscando desesperadamente encontrar quiénes son y la razón de su existencia en este mundo. En esta búsqueda, tratan de imitar a otros porque sienten que no tienen valor en sí mismos, que no sirven para nada y que no pueden lograr lo que anhelan. Se sienten feos físicamente, tienen muchos complejos de personalidad, sienten que no tienen ningún propósito o destino, y todo, debido a que tienen una baja autoestima.

¿Qué es la baja autoestima?

Es tener un concepto, una opinión, una mentalidad o percepción más baja de uno mismo; es pensar menos de lo que Dios ve en nosotros. Es una visión distorsionada de lo que somos, tenemos y podemos.

"[3] Digo, pues, por la gracia que me es dada, a cada cual que está entre vosotros, que no tenga más alto concepto de sí que el que debe tener, sino que piense de sí con cordura, conforme a la medida de fe que Dios repartió a cada uno".
Romanos 12.3

Tener una autoestima saludable es equivalente a ser una persona humilde.

¿Qué es humildad?

La palabra humilde viene del vocablo griego *"humus"*, que significa tierra. De allí proviene, también, la palabra humano, *"thies"*, que significa algo terrenal. Nosotros somos seres humanos creados por Dios.

La definición verdadera de humildad es estar consciente de la esencia de la verdad de quiénes somos. Es reconocer, sin exagerar ni tampoco degradar, lo que somos como personas y lo que somos en Dios. Por lo tanto, humildad no es degradarse o reducirse uno mismo en la estimación de otro, sino estar consciente de nuestro verdadero valor como individuo y nuestro valor en Dios.

Hay dos extremos en la autoestima de las personas, veamos cuáles son:

- La baja autoestima que tiene que ver con creer que no servimos y que somos demasiado débiles o incapaces para llevar a cabo ciertas tareas o proyectos.

- La alta autoestima es cuando una persona se considera mejor o superior a otros.

Estos dos extremos pueden llegar a ser muy destructivos. La Palabra nos manda a que cada uno piense de sí con cordura, y que tenga una opinión de sí como la que Dios tiene. Cuando logremos esto, vamos a actuar como realmente somos y no trataremos más de ser imitación o copia de otros. El enemigo tratará de usar los extremos de la autoestima para destruirnos y para que no lleguemos a cumplir el propósito y el llamado de Dios. La autoestima correcta tiene que estar alineada de acuerdo a nuestro llamado y propósito en Dios, de lo contrario, podemos abortar Su plan para nuestra vida.

"[27]Y les contaron, diciendo: Nosotros llegamos a la tierra a la cual nos enviaste, la que ciertamente fluye leche y miel; y éste es el fruto de ella. [28]Mas el pueblo que habita aquella tierra es fuerte, y las ciudades muy grandes y fortificadas; y también vimos allí a los hijos de Anac. [29]Amalec habita el Neguev, y el heteo, el jebuseo y el amorreo habitan en el monte, y el cananeo habita junto al mar, y a la ribera del Jordán. [30]Entonces Caleb hizo callar al pueblo delante de Moisés, y dijo: Subamos luego, y tomemos posesión de ella; porque más podremos nosotros que ellos". Números 13.27-30

En Josué y Caleb había un espíritu diferente.

"[24]Pero a mi siervo Caleb, por cuanto hubo en él otro espíritu, y decidió ir en pos de mí, yo le meteré en la tierra donde entró, y su descendencia la tendrá en posesión".
Números 14.24

Ilustración - Moisés

Moisés fue un hombre que le dio muchas excusas a Dios para no hacer Su voluntad; y cada una de ellas, revelaba la baja autoestima que había en él. Veamos algunas de estas excusas.

- Excusa de inhabilidad física

"[10]Entonces dijo Moisés a Jehová: ¡Ay, Señor! nunca he sido hombre de fácil palabra, ni antes, ni desde que tú hablas a

tu siervo; porque soy tardo en el habla y torpe de lengua". Éxodo 4.10

- Excusa de falta de valor: "no soy nadie".

  "[11]Entonces Moisés respondió a Dios: ¿Quién soy yo para que vaya a Faraón, y saque de Egipto a los hijos de Israel?..." Éxodo 3.11

- Excusa de comparación negativa con otros: "cualquiera es mejor que yo".

  "[13]Y él dijo: ¡Ay, Señor! envía, te ruego, por medio del que debes enviar". Éxodo 4.13

- Excusa de incredulidad

  "[1]Entonces Moisés respondió diciendo: He aquí que ellos no me creerán, ni oirán mi voz; porque dirán: No te ha aparecido Jehová". Éxodo 4.1

Al leer los versículos anteriores, podemos observar, claramente, que Moisés padecía de baja autoestima, y que por causa de ésta, casi aborta el plan de Dios en su vida. Dios creó al hombre con un potencial; pero, lamentablemente, han habido miles de personas alrededor del mundo, que se fueron a la tumba con su potencial sin desarrollar, a causa de la baja autoestima, que nunca los dejó llegar a ser lo que Dios había planificado para ellos.

¿Por qué las personas piensan menos de sí mismas?

Una de las causas más importantes de esto es nuestra formación en la iniquidad.

"[5]He aquí, en maldad he sido formado, y en pecado me concibió mi madre". Salmos 51.5

Cada uno de nosotros nació en iniquidad, y paulatinamente, ha sido formado en ella, en el transcurso del crecimiento. Durante el proceso de desarrollo del individuo, ocurren muchas cosas desagradables, que poco a poco, van deformando su temperamento y personalidad. Por ejemplo: traumas, abusos, rechazos, maltratos verbales y palabras de maldición que fueron dichas sobre él. Todos estos factores provocan la formación de fortalezas mentales, emocionales y espirituales, que son las causantes de la destrucción de nuestra autoestima; y es por esta razón, que hoy día consideramos que no servimos y que no tenemos ningún valor.

Hay muchas personas a las cuales Dios les dio una personalidad o temperamento alegre. Pero, a medida que atraviesan por situaciones negativas, como las mencionadas anteriormente, su personalidad va cambiando. Y como resultado, ahora son individuos amargados, que no sonríen, pues la formación de la iniquidad en sus vidas, destruyó su personalidad y su autoestima.

¿Qué hacer para recuperar y mantener una autoestima saludable?

1. Tenemos que poner en orden nuestro conflicto con el cielo, con Dios.

Hasta que no pongamos en orden nuestro conflicto con el cielo, no podremos tener una autoestima saludable, de acuerdo a lo que Dios piensa de nosotros.

¿Cuál es el conflicto? Mírese al espejo, ¡es usted mismo! el que se ve de esa manera. Alguien puede decir: "es el pastor, es mi familia, es el diablo". Pero ésas son excusas, pues nosotros mismos somos nuestro propio enemigo, porque no reconocemos quiénes somos en realidad.

Sólo cuando podamos vernos como Dios nos ve y aceptar a la persona que vemos, estaremos reconciliados con el cielo; de otra manera, este conflicto no terminará. Recuerde que Dios fue el que nos hizo; y por esto, debemos aceptarnos a nosotros mismos tal como somos. Hasta que no estemos conscientes de eso, estaremos en conflicto con Él.

"[3] Él nos hizo, y no nosotros a nosotros mismos..."
Salmos 100.3

2. Tenemos que aceptarnos físicamente.

Antes de conocer al Señor, culpábamos a nuestros padres por lo que éramos o por cómo éramos; pero, al conocer a Jesús, descubrimos que Él fue el que nos creó. El profeta Jeremías afirma lo siguiente:

"[5] ...Antes que te formase en el vientre te conocí..."
Jeremías 1.5

Si tenemos la convicción de que Dios nos creó y que somos hechura de su mano, pero no nos gusta lo que somos, entonces tendríamos que decir que “Él estaba enojado cuando nos hizo”. Sin embargo, debemos tener presente, que fue todo lo contrario, que fuimos hechos a su imagen y semejanza. Necesitamos aceptar que, en todas las áreas, tanto físicas como espirituales, tenemos limitaciones, y que Dios también usa esas limitaciones para cumplir su propósito en nosotros.

Ilustración: Éste es el caso de un joven que siempre había querido ser parte del equipo de baloncesto, pero nunca había sido tomado en cuenta porque no tenía la estatura requerida. Su deseo siempre había sido ser alto, pero no había resultado así. Sin embargo, un día se encontró con otro compañero de la escuela, quien pertenecía al equipo de baloncesto, sólo porque tenía la estatura óptima para jugar. Finalmente, el joven bajo de estatura, fue aceptado en el equipo, juntamente con su amigo que era bastante alto. Cada vez que jugaba, a pesar de su limitación, era veloz para escabullirse entre los altos y nunca fallaba una canasta debido a su habilidad para manejar el balón; él se llevaba todos los aplausos. Sin embargo, su amigo que era alto de estatura, no era tan bueno como él en el juego. Esto nos da un ejemplo de cómo Dios usa nuestras limitaciones físicas para cumplir y hacer cosas grandes.

Dios tuvo un propósito específico al momento de diseñarnos de la forma en que lo hizo, aun con las limitaciones físicas. Necesitamos aceptar ese hecho, y de esa manera, poner en orden nuestro conflicto con Dios. Necesitamos aceptar que tenemos características que se pueden cambiar, y es en ellas, que debemos trabajar; y otras que son incambiables, por lo tanto, debemos aceptarlas. Dios nos creó tal y como somos, así es que asumamos ese hecho, y aceptémonos físicamente.

"[13]Porque tú formaste mis entrañas; tú me hiciste en el vientre de mi madre. [14]Te alabaré; porque formidables, maravillosas son tus obras; estoy maravillado, y mi alma lo sabe muy bien". Salmos 139.13, 14

Nosotros somos el barro, Él es el Alfarero.

"[8]Tus manos me hicieron y me formaron; ¿Y luego te vuelves y me deshaces? [9]Acuérdate que como a barro me diste forma; ¿Y en polvo me has de volver?" Job 10.8, 9

Dios fue quien nos formó en el vientre de nuestra madre, por lo tanto debemos aceptar el hecho de que somos hermanos.

"[2]Así dice Jehová, Hacedor tuyo, y el que te formó desde el vientre, el cual te ayudará: No temas, siervo mío Jacob, y tú, Jesurún, a quien yo escogí". Isaías 44.2

Como lo mencionamos anteriormente, hay ciertas características que no se pueden cambiar y que, por lo tanto, tenemos que aceptar.

1. Nuestros padres

Nosotros no escogimos quiénes iban a ser nuestros padres, sin embargo, debemos aceptarlos tal y como son, aunque a lo mejor no hayan sido los mejores. Debemos aprender a aceptarlos y a amarlos como dice la Palabra, aun si han sido padres adoptivos.

"[1]Hijos, obedeced en el Señor a vuestros padres, porque esto es justo. [2]Honra a tu padre y a tu madre, que es el primer mandamiento con promesa..." Efesios 6.1, 2

2. Nuestro pasado

El pasado es algo que no se puede cambiar, precisamente porque ya pasó; sea malo o sea bueno, debemos aceptarlo. Lo único que sí podemos hacer, es entresacar lo bueno de lo malo de lo que nos ha sucedido, pues no podemos continuar añorando o llorando y lamentándonos por el pasado.

3. No podemos cambiar nuestro trasfondo racial.

No importa si somos blancos, negros, amarillos, hispanos o árabes, no podemos cambiar esa realidad. Tenemos que estar orgullosos de nuestra raza y nacionalidad.

"[28]Ya no hay judío ni griego; no hay esclavo ni libre; no hay varón ni mujer; porque todos vosotros sois uno en Cristo Jesús. [29]Y si vosotros sois de Cristo, ciertamente linaje de Abraham sois, y herederos según la promesa".
Gálatas 3.28, 29

4. No podemos cambiar nuestro sexo.

Dios creó dos sexos: femenino y masculino. Esto fue para que cumplieran diferentes funciones en la tierra. Sin embargo, muchos no están contentos con el sexo que Dios les asignó y optan por hacerse cambios físicos, pensando que se van a sentir realizados. Pero, lamentablemente, no es así, debido a que esto va en contra de la naturaleza divina; y por más que cambien su apariencia externa, internamente siguen siendo lo que Dios creó: un hombre o una mujer. Tanto el hombre como la mujer son especiales y tienen características únicas que les sirven para complementarse mutuamente. Por lo tanto, todos debemos estar felices con nuestro sexo.

Hay una gran crisis de identidad en los jóvenes y adultos de hoy día; y esa falta de identidad es debida a la carencia de padres que afirmen a sus hijos en su identidad de acuerdo a su sexo.

5. No podemos cambiar nuestra apariencia física.

Cuando hablo de la apariencia física, me refiero a las partes del cuerpo como son: los ojos, la nariz, el cabello, las orejas, la estatura. Hay personas con grandes complejos porque no tienen el cabello que desean, el color de los ojos, o la nariz que quieren. Mientras unos desean tener el cabello rizado, otros lo quieren tener liso; y quienes lo tienen liso, lo quieren tener rizado. En fin, nadie está contento con su apariencia física, y esto es un gran impedimento para progresar en la vida.

Aunque hoy día se pueden hacer cirugías en cualquier parte del cuerpo para alterarlo, aceptémonos tal como somos físicamente, y estaremos de acuerdo con Dios.

"[25] Y quién de vosotros podrá con afanarse añadir a su estatura un codo?" Lucas 12.25

6. No podemos cambiar nuestras habilidades mentales.

Todas nuestras habilidades mentales están determinadas por Dios. Esto no significa que no podamos desarrollar nuestra mente más allá de lo que actualmente está. Sí, lo podemos lograr; pero si somos débiles mentalmente, la gracia de Dios nos ayuda a capacitarnos.

"[9]Y me ha dicho: Bástate mi gracia; porque mi poder se perfecciona en la debilidad. Por tanto, de buena gana me gloriaré más bien en mis debilidades, para que repose sobre mí el poder de Cristo". 2 Corintios 12.9

7. No podemos cambiar el proceso de envejecimiento ni la muerte.

Dios creó a Adán y a Eva para que vivieran para siempre. Sin embargo, cuando ellos pecaron, comenzó su proceso de envejecimiento hasta llegar a la muerte. Por lo tanto, nosotros recibimos esta herencia y no podemos cambiar la edad y ni el orden de ese proceso.

"[10]Los días de nuestra edad son setenta años; y si en los más robustos son ochenta años, con todo, su fortaleza es molestia y trabajo, porque pronto pasan, y volamos". Salmos 90.10

"[12]Enséñanos de tal modo a contar nuestros días, que traigamos al corazón sabiduría". Salmos 90.12
Dios nos manda a contar nuestros días y nos enseña a vivirlos con sabiduría. Sin embargo, Él puede hacer que este proceso sea un poco más lento usando diferentes medios, tales como su gozo y la medicina. Pero, esto no quiere decir

que cada día que pasa, el proceso de envejecimiento no se lleve a cabo. Si no podemos cambiar ciertas características en nuestra vida, entonces aceptémoslas, seamos felices y disfrutemos la creación que Dios nos ha regalado. ¡Que la baja autoestima no le impida lograr lo que usted desea! Acepte su apariencia física, aunque haya algunas características que no le gusten. Acepte su trasfondo racial, acepte a sus padres, el proceso de envejecimiento y su sexo. Sea feliz, acepte a sus hermanos y su orden de nacimiento, y tendrá una autoestima saludable.

¿Cómo lidiamos con nuestras deficiencias?

Ilustración: ésta es la historia de una niña que vivió en el año 1820. Cuando ella tenía seis semanas de nacida, alguien le dio una medicina equivocada, y como resultado, quedó ciega. Cuando fue creciendo, en lugar de tomar una actitud amargada, al no poder leer, ella comenzó a memorizar las Escrituras con la ayuda de su abuela, hasta que llegó a recordarlas de memoria en su totalidad. Cuando cumplió ocho años de edad, escribió su primer poema titulado: "¡Oh!, qué alma feliz yo soy". Después de esto, continuó escribiendo himnos de adoración hasta la edad de 86 años. Ella compuso más de 8,000 cánticos de alabanza al Señor. Y eso no fue todo, esta niña llegó a convertirse en la primera mujer que habló en público, para el Senado de los Estados Unidos, en Washington. Sus canciones se vendieron por millones en ese tiempo. Su nombre era francés: Jane Crosby, también conocida como Janny.

Dios puede hacer que superemos nuestras limitaciones y deficiencias físicas. Sin embargo, muchos se preguntarán: ¿Por qué Dios no la sanó? ¿Sana Dios a las personas? La respuesta es sí; Él es nuestro sanador. Pero, debemos entender que, si no nos sana de cualquier deficiencia física o emocional, nos traerá su llenura completa cuando pongamos en orden nuestro conflicto con el cielo al aceptarnos a nosotros mismos.

CAPÍTULO 12

¿QUIÉNES SOMOS EN CRISTO JESÚS?

Anteriormente, hice referencia a que el ser humano debe poner en orden su conflicto con el cielo. Esto implica reconocer que somos creación de Dios, que Él nos hizo y que debemos aceptarnos físicamente tal y como somos. También, implica reconocer que hay ciertas cosas que no podemos cambiar. Una vez que tenemos clara esta posición, entonces debemos aceptarnos como persona para entender quiénes somos en Cristo Jesús.

Uno de los grandes problemas de la sociedad de hoy es la falta de identidad. Hay algunos individuos que se aceptan como persona, pero aún no conocen su identidad en Dios; lo cual es mucho más importante, ya que al saber esto, encontrarán su valor como personas. La identidad de un individuo la da un padre, y la identidad espiritual es dada por nuestro Padre celestial. La identidad es tan importante, que la primera tentación de Jesús fue para probar su identidad como Hijo.

"3 Y vino a él el tentador, y le dijo: Si eres Hijo de Dios, di que estas piedras se conviertan en pan". Mateo 4.3

Las personas que no saben que son hijos e hija, son fácilmente engañadas y tentadas por el enemigo. Este tipo de personas caen en diferentes trampas mientras van en busca de su identidad, tratando de ser como otros. Un ejemplo muy común de esto son las gangas; aunque en realidad, estas personas siguen sin identidad, pues la verdadera identidad sólo la puede dar el Padre.

¿Quiénes somos en Dios?

Somos hijos e hijas de Dios

"[12]Mas a todos los que le recibieron, a los que creen en Su nombre, les dio potestad de ser hechos hijos de Dios..." Juan 1.12

Antes de llegar a ser creyentes, ya éramos creación de Dios; pero después de conocer a Jesús, venimos a ser hijos e hijas de Dios. ¡Qué privilegio tan grande ser hijos e hijas del Dios Altísimo! Ya no tenemos que estar buscando identidad en personas o en cosas. Sólo tenemos que creer en la revelación de que somos hijos de Dios, y que Él es nuestro Padre.

¿Qué tipo de hijos éramos antes de conocer al Señor?

- Hijos de ira

  "[3]...entre los cuales también todos nosotros vivimos en otro tiempo en los deseos de nuestra carne, haciendo la voluntad de la carne y de los pensamientos, y éramos por naturaleza hijos de ira, lo mismo que los demás". Efesios 2.3

- Esclavos

  "[7]Así que ya no eres esclavo, sino hijo..." Gálatas 4.57

  En cada uno de estos versos bíblicos, encontramos que nuestra condición era terrible antes de conocer al Señor. No teníamos identidad; por eso, sentíamos que no servíamos para nada; nos sentíamos sucios, culpables, poca cosa, y teníamos una imagen degradada de nosotros mismos.

¿Qué sucedió después de que conocimos a Jesús?

Al aceptar a Cristo, se produjeron cambios en nuestro corazón gracias al amor de nuestro Padre Celestial, en el cual somos llamados y adoptados como "Hijos de Dios". ¡Qué bendición, saber que somos hijos del Dios viviente, que Él nos ama y que nadie nos puede apartar de su amor!

"[1]Mirad cuál amor nos ha dado el Padre, para que seamos llamados hijos de Dios; por esto el mundo no nos conoce, porque no le conoció a él. [2]Amados, ahora somos hijos de Dios, y aún no se ha manifestado lo que hemos de ser; pero sabemos que cuando él se manifieste, seremos semejantes a él, porque le veremos tal como él es". 1 Juan 3.1, 2

Si alcanzamos la revelación de que somos hijos de Dios, estaremos seguros de nuestra identidad y ya no buscaremos seguridad en otras cosas. En cambio, si dudamos de quiénes somos, entonces el enemigo se aprovechará de esto, haciéndonos caer en tentación y errar el camino.

¿Cómo recibimos la revelación de que somos Hijos?

- Por medio de la fe

  De la misma manera que Jesucristo recibió la revelación de que Él era hijo, igualmente nosotros la recibimos.

  "[26]...pues todos sois hijos de Dios por la fe en Cristo Jesús...". Gálatas 3.26

Para recibir la revelación de que somos hijos, debemos creerlo, confesarlo y actuar como lo que somos... "Hijos de Dios".

¿Cuáles son los resultados de recibir la revelación de que somos hijos?

1. **Los hijos reciben la misma herencia de su padre.**

   "[17]Y si hijos, también herederos; herederos de Dios y coherederos con Cristo, si es que padecemos juntamente con él, para que juntamente con él seamos glorificados". Romanos 8.17

   Hay una herencia espiritual, física y material que Dios ha preparado para sus hijos e hijas, y nunca la podremos disfrutar si nos vemos como esclavos y no como hijos. Para que nunca más tengamos una autoestima baja, necesitamos asimilar la revelación de que no somos esclavos, sino hijos, y que hay una herencia para nosotros. En nuestra herencia, hay promesas de vida eterna, de liberación, de sanidad, de llamado, de salvación, de prosperidad, etcétera.

2. **Dios nos acepta como hijos.**

   "[6]...para alabanza de la gloria de su gracia, con la cual nos hizo aceptos en el Amado..." Efesios 1.6

   Uno de los grandes problemas de las personas hoy día, es el rechazo. Algunas veces, hay quienes sienten que no son aceptados por su familia, por sus amigos, por sus hermanos, por sus compañeros de escuela o de trabajo. El rechazo los persigue y consideran que nadie los acepta tal como son. La buena noticia es que Dios, nuestro Padre Celestial, sí nos acepta. Él nos ama con todos nuestros defectos y debilidades; flaquezas y fortalezas; con nuestro temperamento, personalidad y apariencia física, etcétera.

Es de hacer notar que Dios nos acepta como individuos, como sus hijos; pero lo que no acepta y tampoco ama, es nuestro pecado. Por lo tanto, para conseguir su gracia y su favor, tenemos que arrepentirnos de él. Solamente, el poder reconocer y entender que Dios nos acepta como hijos, es un arma poderosa contra el espíritu de rechazo. No importa si todo el resto de las personas nos rechazan; si nosotros sabemos que Dios nos acepta, esto es suficiente para estar alegres y felices.

3. Los hijos pueden clamar "Papi".

"[6] Y por cuanto sois hijos, Dios envió a vuestros corazones el Espíritu de su Hijo, el cual clama: ¡Abba, Padre!"
Gálatas 4.6

La palabra "Abba" es un vocablo arameo que significa "Papi". Es una manera de expresar una relación cercana con su Padre. Podemos gritar y clamar "papi", "Abba", porque somos hijos y podemos llamarle así gracias a Jesucristo.

4. Los hijos tienen la gracia de vencer todo obstáculo en la vida.

"[7] El que venciere heredará todas las cosas, y yo seré su Dios, y él será mi hijo". Apocalipsis 21.7

¡Qué maravilloso saber que Dios no se avergüenza de llamarse nuestro Padre!; y a todos aquellos que vencen, Él les llama hijos.

Para concluir esta parte del capítulo, podemos decir lo siguiente:

Cada uno de nosotros tiene que poner fin al conflicto con el cielo. Esto es, entender que Dios nos creó, y lo hizo a su imagen y semejanza, aceptarnos físicamente tal como somos. Hay muchas cosas que no podemos cambiar; por tanto, debemos aceptar y aprender a sobrellevarlas. Tenemos que entender quiénes somos en Jesús: somos hijos de Dios. Antes éramos esclavos, pero el sacrificio de Jesús cambió nuestra identidad. La revelación de que somos hijos la recibimos por fe. Pues, como hijos, tenemos derecho a una herencia espiritual, material y física. Los hijos pueden clamar a Dios Padre.

Somos un pueblo con propósito y destino

Hay tres puntos principales que hemos aprendido acerca de la autoestima, y éstos son:

1. Lo que somos como personas.
2. Lo que somos en Jesucristo.
3. Somos un pueblo con propósito y destino.

Otro punto importante que vamos a estudiar es que somos personas con propósito y destino. Toda persona ha nacido con un propósito dado por Dios. Lamentablemente, las que sufren de baja autoestima, consideran que no tienen propósito por el cual vivir en esta tierra.

¿Qué es un propósito?

Es la intención original por la cual algo fue creado. La palabra propósito es sinónima de llamado, destino, potencial, voluntad de Dios, etcétera.

Es muy frustrante no saber lo que a uno le pertenece, no conocer el propósito de algo o no saber cómo hacerlo funcionar. La mayor parte de los problemas de la raza humana, incluyéndolo a usted y a mí, viene como resultado de tenerlo todo, pero de no saber reconocer por qué se tiene, cómo funciona, o cuál es el propósito de tenerlo. La persona o el individuo que tiene una baja autoestima, no entiende ni conoce su propósito, su destino, razón e intención, por el cual Dios lo creó. Para entender un poco más acerca del propósito, vamos a hacernos algunas de las preguntas que se haría una persona sin propósito:

- **¿Creó Dios a todo ser humano con un propósito?**

  Sí, antes de crear a cada ser humano ya Dios tenía en su mente el propósito específico para esa vida.

  "[7] Y me dijo Jehová: No digas: Soy un niño; porque a todo lo que te envíe irás tú, y dirás todo lo que te mande". Jeremías 1.7

  Antes de que Jeremías naciera, Dios ya le había destinado un potencial, un llamado y un propósito: la pasión y el fuego para ser un profeta para las naciones. Si nacimos en esta tierra, es porque Dios ya nos había destinado un propósito. No importa el color de la piel, el trasfondo familiar, el sexo, la nacionalidad o la apariencia física, usted tiene un propósito en Dios. Usted nació para ser alguien especial. No permita que los pensamientos de baja autoestima lo destruyan. Dios lo ama y lo acepta tal como es porque tiene un propósito con usted.

- ¿Por qué debemos llevar a cabo el propósito de Dios en nuestra vida?

Porque cuando llegamos a obedecer su voluntad, nuestra vida estará completa; y verdaderamente, nos sentiremos satisfechos, complacidos y felices. Todo individuo que no cumple el propósito de Dios en su vida, siempre se sentirá miserable, incompleto y con baja autoestima aunque tenga dinero, fama o diplomas. Pero, no me malentienda. Todo esto es bueno, siempre y cuando, no nos impida cumplir con el propósito de Dios en nuestras vidas.

Veamos cómo Jeremías expresa con sus palabras el sentir del propósito de Dios en él.

"[9] Y dije: No me acordaré más de él, ni hablaré más en su nombre; no obstante, había en mi corazón como un fuego ardiente metido en mis huesos; traté de sufrirlo, y no pude". Jeremías 20.9

- ¿Cómo podemos encontrar nuestro propósito?

Buscando y conociendo a Dios. Recuerde que Él nos creó, y sabe la razón e intención por la cual nos hizo. De manera que, para conocer nuestro propósito, tenemos que ir a la fuente, a aquel que nos formó. Millones de individuos han muerto sin conocer su propósito, y otros, que aún viven, no son completamente felices porque no tienen conocimiento del mismo.

- ¿Cuál es el obstáculo más grande para que cada uno de nosotros llegue a cumplir el llamado y propósito de Dios?

  La baja autoestima. Si no alineamos nuestra autoestima con el propósito de Dios en nuestra vida, nunca podremos cumplir su llamado. Como ocurrió con Moisés cuando Dios lo llamó. Él le dio muchas excusas a Dios, porque se consideraba inapropiado para ser llamado. Esto puede llegar a ser el mayor obstáculo para que lleguemos a cumplir nuestro propósito.

- ¿Cómo debemos vernos a nosotros mismos?

  Debemos vernos como hijos de Dios, con un propósito y un destino específico. Debemos sentir que no estamos en esta tierra por casualidad, sino porque Dios nos tiene algo destinado para nosotros desde antes de nuestro nacimiento; por lo tanto, debemos reconocer que aunque el llamado sea muy grande, Dios es poderoso para llevarlo a cabo si estamos dispuestos a ser sus instrumentos.

- ¿Cuál es la promesa de Dios para nuestras vidas?

  Que Él llevará a cabo su propósito en nosotros.

  "[8]Jehová cumplirá su propósito en mí; tu misericordia, oh Jehová, es para siempre; no desampares la obra de tus manos". Salmos 138.8

No importa lo que otros le hayan dicho, lo que su familia le haya dicho, lo que el enemigo le haya dicho o hecho; no importa quién se levante en su contra, Dios cumplirá su propósito con usted.

- ¿Cuáles son los requisitos para que Dios cumpla su promesa?

Dios hará su parte, pero también nosotros debemos hacer la nuestra, teniendo en cuenta lo siguiente:

1. Obediencia

   Cada uno de nosotros debe estar dispuesto a obedecer al llamado de Dios, sin importar las circunstancias, el lugar, las condiciones o el tiempo. La obediencia es lo único que Dios está buscando de sus hijos. Él no quiere sacrificio, sino obediencia.

   Algunos principios importantes:

   - Debemos tener la revelación en nuestro corazón de que somos creación de Dios.

   - Debemos entender que somos hijos, herederos de toda la herencia que Jesucristo obtuvo en la cruz del Calvario para nosotros.

   - Debemos entender que cada uno de nosotros fue creado con un propósito.

- El propósito es la intención original por la cual algo es creado.
- La palabra propósito es sinónimo de potencial, voluntad de Dios, destino, llamado y pasión.
- Antes de que cada uno de nosotros fuera formado en el vientre, ya Dios nos había asignado un propósito.
- Cuando un ser humano encuentra el propósito en su vida, encuentra la felicidad.
- El propósito se encuentra cuando conocemos y buscamos a nuestro Creador.
- Dios cumplirá su propósito en nosotros si somos obedientes a Él.

CAPÍTULO 13

LA OBESIDAD Y LA GLOTONERÍA

Es algo realmente alarmante, conocer las nuevas estadísticas sobre enfermedades en los Estados Unidos. Según un informe de los Centros para el Control y Prevención de Enfermedades (CDC), la obesidad está superando al tabaquismo como causa principal de muerte entre los habitantes de esta nación. Este informe muestra que el consumo de tabaco era, en el 2000, la causa principal de defunción en los Estados Unidos, causándole la muerte a 435.000 personas, representando el 18,1 por ciento de todas las muertes que se produjeron en ese año. Sin embargo, el sedentarismo y una mala dieta ocasionaron, en ese mismo año, 400.000 muertes; es decir, el 16,6 por ciento del total, según el informe. Se estima que 129,6 millones de estadounidenses, o el 64 por ciento de la población, padecen de sobrepeso u obesidad. Si los estadounidenses continúan engordando al ritmo actual, en el 2020 uno de cada cinco dólares que se gasten en cuidados para la salud de personas entre 50 y 69 años, podría estar asignado al tratamiento de problemas relacionados con la obesidad (un 50 por ciento más que en la actualidad), según un estudio de Rand Corporation.

Dado que uno de cada cinco niños es obeso, los estudios han empezado a investigar los patrones alimenticios tempranos. Brophy Marcus (2001) declara que los bebés que reciben fórmula, son 20% más propensos al sobrepeso que aquellos que recibieron leche materna durante los primeros seis meses de vida.

Una investigación encontró un vínculo significativo entre la alimentación con biberón y la obesidad en la adolescencia entre la población de bajos recursos socioeconómicos. Nelly (2001) hace notar que un mayor consumo alimenticio y mayor peso ocurren en niños de esta misma población cuando viven con un padre o madre soltero(a).

"Es una catástrofe que se puede prevenir mediante una buena dieta combinada con ejercicio", dice un cirujano general. Una persona mayor puede comenzar por algo tan trivial como no pasarse media hora buscando estacionar el automóvil cerca del lugar hacia donde se dirige, sino dejarlo a unas cuadras de distancia y caminar".

Mejor aún es la prevención. En los Estados Unidos, precisa el cirujano general, uno de cada cuatro niños, pasa más de cuatro horas diarias frente al televisor. "Nuestros chicos ejercitan más la punta de los dedos que las piernas, los brazos o los pulmones", dice al referirse al cambio de hábitos que han hecho que nuestros hijos pasen de jugar en los parques, a entretenerse con juegos electrónicos.

Estados Unidos gasta un sexto de su Producto Interno Bruto anual en salud; y, de seguir la actual tendencia, esta proporción podría llegar a duplicarse. Los expertos en el tema afirman que, como sociedad, no podemos seguir permitiendo las malas elecciones en cuanto a dieta y salud, que nos han llevado a una carga y costos tan tremendos; especialmente, teniendo en cuenta que Estados Unidos gasta más en salud que la mayoría de los demás países desarrollados, obteniendo, a menudo, peores resultados.

Según un cálculo del Grupo Empresarial de Washington sobre la Salud, que agrupa a varias empresas que buscan tener voz en las políticas de salud, la obesidad ocupa anualmente 12.000 millones de dólares de los presupuestos de las compañías, debido a los costos médicos asociados con ella.

¿Qué es la obesidad?

Unas libras extra no implican obesidad. Sin embargo, esto puede indicar una tendencia a ganar peso con facilidad y la necesidad de cambios en la dieta y/o ejercicio. Generalmente, un niño no se considera obeso hasta que pesa, por lo menos, un 10 por ciento más que el peso recomendado para su estatura, contextura ósea y corporal. La obesidad, comúnmente, comienza en la infancia, entre las edades de 5 y 6 años y durante la adolescencia. Los estudios han demostrado que el niño entre 10 y 13 años que es obeso tiene un 80 por ciento de riesgo de convertirse en un adulto obeso.

¿Qué causa la obesidad?

Las causas de la obesidad son complicadas e incluyen factores genéticos, biológicos, de comportamiento y espirituales. Básicamente, la obesidad ocurre cuando una persona ingiere más calorías que las que su cuerpo puede quemar.

Si un hombre es obeso, hay un 50 por ciento de probabilidad de que sus hijos sean también obesos. Sin embargo, cuando ambos padres son obesos, la probabilidad, de que los niños sean obesos, aumenta a un 80 por ciento.

Aunque algunos desórdenes médicos pueden causar la obesidad, menos del uno por ciento de todos los casos de obesidad son causado por problemas físicos. La obesidad puede estar relacionada con:

- Hábitos alimenticios deficientes
- Comer demás o perder la capacidad de parar de comer (binging)
- Falta de ejercicio (por ejemplo, personas que se la pasan acostadas en el sofá)
- Historial de obesidad en la familia
- Enfermedades médicas (problemas endocrinológicos o neurológicos)
- Medicamentos (esteroides y algunos medicamentos siquiátricos)
- Cambios en la vida que causan mucho estrés (separaciones, divorcio, mudanzas, muertes, abuso)
- Problemas familiares o con amistades
- Baja autoestima
- Depresión u otros problemas emocionales y espirituales

¿Cuáles son los riesgos y complicaciones de la obesidad?

Hay muchos riesgos y complicaciones debidos a la obesidad. Las consecuencias físicas incluyen:

- Un aumento en el riesgo de enfermedades del corazón como la alta presión de la sangre.
- Diabetes
- Disfunciones respiratorias
- Dificultades al dormir

La obesidad está también asociada con un aumento en el riesgo de desequilibrios emocionales. Las personas con problemas de peso, tienden a tener una autoestima mucho más baja y a ser menos populares entre sus amigos. La depresión, la ansiedad y el desorden obsesivo, compulsivo también pueden ser causas de la obesidad.

Al conocer todas estas estadísticas acerca de la obesidad, algunas de sus causas y los riesgos que conlleva, se hace importante también, entender la estrecha relación que existe entre la obesidad y la glotonería, desde un enfoque espiritual.

La glotonería

La glotonería es uno de los problemas más antiguos que tiene el hombre. Esto ocurría en los días de Noé también, cuando la gente comía, bebía y se emborrachaba hasta saciarse; y sigue ocurriendo en nuestro tiempo también. Es interesante ver que, si esta acción se hace de forma compulsiva, se convierte en adicción; lo mismo que sucede con la marihuana, la cocaína o cualquier otra droga. Por supuesto, las personas no lo ven de esta manera, y sin saberlo, se van convirtiendo en adictas a la comida hasta el punto de llegar a la obesidad.

"38 Porque como en los días antes del diluvio estaban comiendo y bebiendo, casándose y dando en casamiento, hasta el día en que Noé entró en el arca..." Mateo 24.38

¿Qué es la glotonería?

Es un deseo compulsivo de comer, provocado por una ansiedad del alma. Este hábito egoísta puede comenzar a causa de: rechazos, heridas reales o imaginarias; o a que las personas se sienten decepcionadas, amargadas o deprimidas. Él hábito de comer demasiado, es decir, la glotonería es muy difícil de romper. No basta sólo con hacer dietas, ingerir alimentos sanos o estrictos programas de ejercicios.

¿Cuáles son los casos de glotonería que afectan a las personas?

Existen diferentes tipos de desórdenes alimenticios, entre los cuales se encuentran la anorexia, la bulimia y la glotonería.

¿Qué es la anorexia?

La anorexia es el rechazo activo o pasivo hacia los alimentos. Es un miedo o temor intenso a ganar peso, y a sufrir una alteración en la forma del cuerpo. La anorexia se da, en parte, por querer alcanzar el ideal de un cuerpo perfecto que la persona tiene en su mente.

Las personas anoréxicas comienzan a excluir de su dieta todos los alimentos con alto contenido de calorías; usan dietas restringidas que están limitadas a pocos alimentos. En casos más severos, usan otros métodos para perder peso, tales como: purgantes, vómitos provocados o ejercitarse compulsiva y excesivamente.

Este desesperado y desordenado intento de perder peso, conduce a la persona a una mala nutrición; lo cual, a su vez, contribuye a cambios físicos y emocionales que, finalmente, le provocan ansiedad, atrapándola en un círculo vicioso del cual ya no sabe cómo salir.

¿Qué es la bulimia?

La bulimia se define como el deseo o ansiedad compulsiva de comer. Seguido de un sentimiento de culpa que lleva a la persona a utilizar los mismos métodos que en la anorexia para deshacerse rápidamente de los alimentos ingeridos. Estas dos enfermedades están directamente relacionadas con el pánico a engordar o sentirse gordo. Éste es un hábito que aparece más en mujeres que en hombres, con un alto índice entre adolescentes. La mayor parte de los doctores, psicólogos y psiquiatras consideran la bulimia una enfermedad.

Estos desórdenes alimenticios, tanto la anorexia como la bulimia, son formas de rebelión en contra del cuerpo y, los individuos que las practican, están destruyendo su cuerpo.

La sociedad occidental padece de una gran obsesión por la apariencia física; hasta el punto de adorar al cuerpo. Esto pone una gran presión y demanda emocional sobre las personas, pues, éstas quieren sentirse aceptadas (parte de la sociedad); quieren sentir que sus cuerpos son el ideal de belleza de esta sociedad. En muchos casos, cuando una persona tiene sobrepeso, o cree que lo tiene, comienza a sentir una gran ansiedad en el alma.

¿Cuál es la causa principal de la glotonería, anorexia y bulimia?

Hay diferentes causas que las ocasionan, y son las siguientes:

1. Problemas emocionales

   La raíz principal de estos desórdenes alimenticios son los problemas emocionales. Por lo general, la persona que presenta estos hábitos, esconde un dolor, una herida o un trauma.

¿Cuáles pueden ser algunos de esos problemas emocionales?

Rechazo a sí mismo, ansiedad, baja autoestima, temor al rechazo, autocompasión. Algunas personas que tienen sobrepeso, dicen encontrar consuelo al dolor de su alma, comiendo.

2. Influencias demoníacas

Hay muchas personas que creen que los desórdenes alimenticios no tienen nada que ver con los demonios; pero, yo he encontrado que hay un sinnúmero de personas dominadas por espíritus demoníacos de anorexia, bulimia, gula y glotonería; y por mucho que las personas traten de romper el hábito de comer compulsivamente, no pueden; porque hay un espíritu que las controla y anula su voluntad.

Anteriormente, expliqué que este tipo de desórdenes son una forma de rebelión en contra del cuerpo; por lo tanto, tiene que lidiarse con el espíritu de rebelión que le dio acceso a estos desórdenes alimenticios. Ésta es una de las maneras de ser sanado y liberado. La rebelión, generalmente, es contra alguien más, ya sea contra la madre, el padre u otra persona. Estos malos hábitos son usados por las personas que los padecen para llamar la atención o como castigo hacia otros.

¿Cómo es que el demonio de glotonería toma lugar o entra en una persona?

Como cualquier otro demonio, el de glotonería, entra por las obras de la carne, según nos enseña la palabra de Dios.

"[13]Andemos como de día, honestamente; no en glotonerías y borracheras, no en lujurias y lascivias, no en contiendas y envidia". Romanos 13.13

Una obra de la carne que se practica de continuo, se convierte en un pecado, y un pecado practicado continuamente, abre la puerta a un espíritu demoníaco. Ese espíritu entra en esa persona y logra dominarla y controlarla.

Por ejemplo, una persona que tiene el hábito de comer excesivamente todo el tiempo, de acuerdo a la Biblia, se considera que está en pecado; por tanto, le abre la puerta a un espíritu de bulimia que lo terminará controlando y dominando. Lo mismo ocurre con la anorexia, si la persona padece de este desorden, causado por situaciones adversas, le abre la puerta a un espíritu de anorexia, y una vez que la persona sea dominada por ese espíritu, es muy difícil romper con el hábito. Solamente puede ser libre por el poder de la sangre de Jesús.

Muchas personas han perdido peso y se han mantenido estables, gracias a la liberación de espíritus demoníacos que las dominaban; mientras que otras personas que estaban por debajo de su peso normal, lograron ganarlo de nuevo gradualmente. Esto ha ocurrido cuando, en liberación, se ha roto la autocompasión, la cual afectaba la autoestima de la persona.

3. Abuso sexual

Ésta es otra fortaleza demoníaca que puede controlar el hábito de comer, especialmente en las mujeres.

Por ejemplo, si una niña fue abusada en la edad de la pubertad, ella quizás asocie este abuso con el cambio físico producido por el desarrollo normal de una mujer, y empiece a creer que tener un cuerpo desarrollado y atractivo la hace más vulnerable a ser abusada. Como consecuencia, toma la decisión de no comer para perder toda forma y se convierte en una persona anoréxica; causándose desórdenes en los períodos menstruales y que sus características físicas sexuales no se desarrollen. Estas conductas no se hacen, quizás, conscientemente; pero, funcionan como un mecanismo de defensa para no volver a ser abusada.

4. Los desórdenes para comer pueden ser causados por reacciones alérgicas.

En ocasiones, la obesidad puede ser causada por reacciones alérgicas a sustancias que el cuerpo no puede absorber. Los síntomas pueden llegar a ser severos y producirse tanto interior como exteriormente. Por esto, es importante que las personas que sufren de sobrepeso, a pesar de no comer excesivamente, se hagan un examen para encontrar el alimento que les está ocasionando la alergia, y eliminar el sobrepeso, en el caso de que ésta sea la causa.

Algunas de estas alergias están presentes desde el momento del nacimiento. Esto nos indica que puede ser una alergia heredada de alguno de los padres. Pueden ser anuladas cuando buscamos la raíz de ellas y cortamos la herencia de enfermedades traspasadas generacionalmente.

5. Los desórdenes en el comer pueden ser causados por la mala alimentación y la falta de ejercicio.

Ésta es otra de las causas por las cuales muchas personas están en sobrepeso. Los alimentos que consumen son "comida chatarra", que engorda pero no alimenta, lo cual conduce a ganar peso, y luego, acarrea un problema emocional.

¿Qué dijo Jesús acerca de comer y beber?

"[25]Por tanto os digo: No os afanéis por vuestra vida, qué habéis de comer o qué habéis de beber; ni por vuestro cuerpo, qué habéis de vestir. ¿No es la vida más que el alimento, y el cuerpo más que el vestido?" Mateo 6.25

Lo primero que Jesús nos enseña, es que el afán es un problema del alma del ser humano. La palabra afán, en el griego, es el vocablo "*merimnao*", que significa una distracción, preocupación, cosas que causan ansiedad, tensión y presión.

La sociedad de hoy está concentrada y enfocada en la comida, la bebida y el vestido. Estas cosas se han convertido en prioridad debido a que las personas tienen un dolor, un vacío en el alma y buscan consuelo en el comer, beber y vestir; comen y beben porque tienen una gran ansiedad en su corazón, e inconscientemente, creen que al satisfacer los deseos de la carne, van a aplacar el hambre espiritual que las devora.

Jesús dice más adelante:

"¿No es la vida más que el alimento y el cuerpo más que el vestido?"

Jesús está diciendo: hay algo superior, más grande, más maravilloso que comerse un plato de comida y ponerse un traje. ¿Qué es eso tan grande? La vida en Dios y el amor de su hijo Jesucristo. Cuando una persona encuentra esto, es llena y satisfecha completamente. Este amor suple todo lo que le pueda faltar; la ansiedad, el dolor y las heridas desaparecen, y la vida en Cristo quita la tensión, la preocupación y toda presión, porque Jesús le trae su paz.

¿Dónde se encuentra esa vida?

Esa vida se halla en el Reino de Dios

"[17]...porque el reino de Dios no es comida ni bebida, sino justicia, paz y gozo en el Espíritu Santo". Romanos 14.17

La verdadera vida plena, absoluta y feliz, consiste en tener tres cosas:

Justicia. Esta justicia se logra cuando los pecados de la persona son perdonados y tiene una relación cercana y correcta, primero con el Padre Celestial por medio de su hijo Jesucristo, y luego, con el prójimo y consigo mismo.

Gozo. La mayor parte de las personas hoy, está buscando la manera de sentirse felices, de tener gozo, aunque sea por un instante; por eso, muchos buscan medios como la droga, el alcohol y la comida, pero el gozo que brindan estas cosas es temporero. El gozo que la fama, las riquezas y el sexo ilícito dan al hombre, es temporal y se pierde. El gozo y la felicidad verdadera se encuentran en Jesús.

Paz. La gran mayoría de los seres humanos busca tener paz en el corazón; y cuando ésta falta, trata de encontrarla en el sexo, la fama, el dinero, las drogas o la comida; pero la "paz" que consigue es temporera, pasajera y, eventualmente, lo único que obtiene es un sentido de culpabilidad por lo que hace.

"[27]La paz os dejo, mi paz os doy; yo no os la doy como el mundo la da. No se turbe vuestro corazón, ni tenga miedo". Juan 14.27

¿Cuál es la promesa de Jesús para aquellos que creen en Él?

"[33]Estas cosas os he hablado para que en mí tengáis paz. En el mundo tendréis aflicción; pero confiad, yo he vencido al mundo". Juan 16.33

Jesús nos enseña, en el libro de Mateo, cómo encontrar la justicia, el gozo y la paz que tiene el Reino de Dios para ser felices.

"[32]Porque los gentiles buscan todas estas cosas; pero vuestro Padre celestial sabe que tenéis necesidad de todas estas cosas". Mateo 6.32

Jesús nos enseña que todos aquellos que no confían en Dios, buscan diligentemente el comer, el beber y el vestir, debido a que su corazón está vacío, y en esas cosas encuentran su satisfacción. Sin embargo, más adelante nos enseña la clave para ser felices.

"[33]Mas buscad primeramente el reino de Dios y su justicia, y todas estas cosas os serán añadidas". Mateo 6.33

Primero, busque lo más importante, lo esencial, lo más beneficioso, que es el Reino de Dios y su justicia (buenas relaciones con Dios, con los demás y con nosotros mismos), gozo y paz en el Espíritu Santo. Si nos esforzamos por buscar estas tres dádivas de Dios, entonces la comida, la bebida y el vestido serán añadidos. Todas las cosas materiales, tales como: casas, carros, tierras, etcétera, Dios nos las dará; pero, primero, tenemos que buscar ardientemente, una relación cercana con Él, y como resultado, conseguiremos la justicia, tendremos gozo y paz. Ya no estaremos ansiosos por comer y beber.

¿Cuáles son las consecuencias de la glotonería?

1. Esaú vendió su primogenitura o herencia por un plato de comida.

   "[16]...no sea que haya algún fornicario, o profano, como Esaú, que por una sola comida vendió su primogenitura". Hebreos 12.16

2. La glotonería puede llegar a ser un obstáculo para irse en el rapto con Jesús.

   "[34]...Mirad también por vosotros mismos, que vuestros corazones no se carguen de glotonería y embriaguez y de los afanes de esta vida, y venga de repente sobre vosotros aquel día". Lucas 21.34

3. La glotonería puede venir a ser el dios de una persona.

   "[19]...el fin de los cuales será perdición, cuyo dios es el vientre, y cuya gloria es su vergüenza; que sólo piensan en lo terrenal". Filipenses 3.19

   Hay muchas personas que por comida son capaces de hacer muchas cosas, dentro de las cuales está el matar, robar y destruir, aun a su propio cuerpo. Cuando estas personas llegan al punto de hacer cualquier cosa por saciar sus deseos, quiere decir que la comida se ha convertido en su propio dios; viven para él solamente y no para el Dios verdadero.

   Pablo reprende a los creyentes por su glotonería y los llama a arrepentirse.

4. El bebedor y el comilón empobrecerán.

   "[20]No estés con los bebedores de vino, ni con los comedores de carne; [21]Porque el bebedor y el comilón empobrecerán, y el sueño hará vestir vestidos rotos". Proverbios 23.20, 21

Testimonio: Desde pequeña, siempre me habían llamado "gorda"; y esto me afectó tanto, que me creí el cuento. Debido a eso, cuando estaba en primer grado, hice mi primer dieta. Luego descubrí "el peor de los secretos", que podía permanecer sin comer durante tres días y al tercer día comer algo muy pequeño, como un kiwi y luego seguí sin comer. De esta forma, empezó mi problema de anorexia, y así permanecí durante mucho tiempo. Hasta que mi mamá se dio cuenta y me hizo comer. Entonces pasé de un extremo al otro porque, de repente, sentía un deseo compulsivo de comer, y no podía parar. Y fue así como mi problema se convirtió en bulimia. Como consecuencia, empecé a engordar hasta que no cabía en la ropa, y mi autoestima bajó considerablemente. La bulimia pasó por un tiempo; pero yo, de todas maneras, permanecía triste. Aunque todo el mundo me aceptara, y aunque todos los profetas me dijeran que Dios me amaba, yo no me amaba a mí misma. Yo sabía que Dios me amaba, pero el problema era que yo no me amaba. Un día, el Espíritu Santo me dio convicción de pecado, de que lo que hacía ofendía a Dios. Entonces, me cansé de darle derecho al diablo, de permitirle que tomara mi vida, de que me quitara a mi familia, mi felicidad, mi juventud, mis mejores años. Me dio una ira contra el diablo, que le dije: "diablo, ¡no más, ya no más en el nombre de Jesús!" Ahora me alimento y ayuno normalmente; ¡soy libre! ¡Sí se puede ser libre!

Testimonio: Cuando era pequeña, sufría de anorexia, porque me dijeron que era gorda; por eso, empecé a dejar de comer, hasta que mi hermano me dijo que si no comía, le iba a decir a mi mamá. Cuando llegué a la iglesia, oraron por mí y echaron fuera a ese demonio, y ahora puedo comer normalmente.

¿Cómo ser libre de la glotonería, la anorexia, la bulimia, los desórdenes del apetito, sobrepeso y todo lo relacionado con lo anterior?

1. Acepte y reconozca a Jesús como su Señor y Salvador.

   Cualquiera que sea la causa de las condiciones mencionadas anteriormente, éstas tienen su raíz en el alma; y el vacío en su corazón, solamente Jesús lo puede llenar. Declare, en voz alta y con todo su corazón, la oración que se encuentra al final de este libro. De esta manera, Jesús podrá actuar y usted será libre de todo problema alimenticio.

2. Renuncie a todos los espíritus demoníacos que tienen que ver con la glotonería.

   Hay espíritus demoníacos que se encargan de ocasionar estos problemas y que trabajan juntos; por eso, es necesario que renuncie a cada uno de ellos.

   La siguiente, es una lista de cada uno de estos espíritus:

   - Ansiedad
   - Depresión
   - Temor a engordar
   - Anorexia
   - Bulimia
   - Rechazo a sí mismo
   - Desorden para comer
   - Dieta compulsiva
   - Baja autoestima
   - Rebelión contra el cuerpo o contra los padres

3. Disciplinarse cada día para comer lo necesario saludablemente.

   "[1]Cuando te sientes a comer con algún señor, considera bien lo que está delante de ti, [2]y pon cuchillo a tu garganta, si tienes gran apetito". Proverbios 23.1, 2

   Lo que la palabra de Dios nos está diciendo, es que tenemos que disciplinarnos en comer lo justo y necesario para nuestro cuerpo, y aprender a decir "no". No podemos tener miedo a engordar porque el Señor no nos ha dado espíritu de temor, sino de poder, amor y dominio propio.

Leamos lo que nos dice la traducción de la Biblia amplificada:

"[1]Cuando te sientes a comer con algún señor, considera bien quién y que está delante de ti, [2]Y pon cuchillo a tu garganta, si eres hombre para sus deseos". Proverbios 23.1, 2

Si usted desea ser libre de la glotonería, anorexia, bulimia, gula o cualquier desorden alimenticio. Busque un lugar donde pueda estar a solas con el Señor y siga los siguientes pasos:

1. Oración del pecador

   "Señor Jesucristo: Yo reconozco que soy un pecador, y que mi pecado me separa de ti. Me arrepiento de todos mis pecados. Voluntariamente, confieso a Jesús como mi Señor y Salvador, y creo que Él murió por mis pecados. Creo, con todo mi corazón, que Dios el Padre lo resucitó de los muertos. Jesús, te pido que entres a mi corazón y cambies mi vida. Renuncio a todo pacto con el enemigo; si yo muero, al abrir mis ojos, sé que estaré en tus brazos. ¡Amén!"

   Si esta oración expresa el deseo sincero de su corazón, observe lo que Jesús dice acerca de la decisión que acaba de tomar:

   "[9]...que si confesares con tu boca que Jesús es el Señor, y creyeres en tu corazón que Dios le levantó de los muertos, serás salvo. [10]Porque con el corazón se cree para justicia, pero con la boca se confiesa para salvación".
   Romanos 10.9, 10

2. Oración de renunciación

   Padre Celestial, yo me arrepiento del pecado de anorexia, bulimia y glotonería. Te pido que me perdones por rebelarme contra mi cuerpo que es el templo del Espíritu Santo. Renuncio a toda maldición de obesidad, alergias o cualquier otro desorden alimenticio en mi vida. Padre Celestial, voluntariamente, yo renuncio a todo espíritu de:

   - Ansiedad
   - Depresión
   - Temor a engordar
   - Anorexia
   - Bulimia
   - Rebelión
   - Rechazo a uno mismo
   - Desorden para comer
   - Dieta compulsiva
   - Baja autoestima
   - Abuso sexual
   - Pérdida de apetito
   - Adicción a la comida

   Les ordeno, en el nombre de Jesús, que suelten mi vida y mi cuerpo, ¡ahora mismo! Rompo toda maldición generacional ¡ahora mismo!, por el poder de la sangre de Jesús. Le ordeno a todo espíritu, al que le he dado lugar, de forma directa o indirecta, que se vaya de mi vida en este momento. Le ordeno que me suelte ¡ahora! en el nombre de Jesús. Y me declaro libre por el poder de Su sangre ¡Amén!

Consejos para tratar con la obesidad

Las personas obesas necesitan una evaluación médica profesional para considerar o descartar la posibilidad de una causa física. En ausencia de un desorden físico, la única manera de perder peso es reduciendo el número de calorías que se consumen y aumentando el nivel de actividad física. La pérdida de peso duradera sólo puede ocurrir cuando hay motivación propia, debido a que la obesidad, a menudo, afecta a más de un miembro de la familia. El establecer hábitos sanos de comer y rutinas de ejercicio regulares como actividades en familia, pueden mejorar las oportunidades de lograr exitosamente el control de peso, tanto para los niños como para los adultos.

Las diferentes formas de manejar la obesidad incluyen:

- Comenzar un programa de control de peso.
- Cambiar los hábitos de comer (comer despacio, desarrollar una rutina en la que se respeten los horarios de las comidas).
- Planificar las comidas y hacer una mejor selección de los alimentos, o sea, comer menos alimentos de alto contenido de grasas y evitar los alimentos de bajo valor nutritivo (comida chatarra).
- Controlar las porciones y consumir menos calorías.
- Aumentar la actividad física (especialmente el caminar) y tener un patrón de vida más activo.
- En el caso de los niños, enterarse y manejar mejor lo que comen en la escuela.
- Mantener una práctica de comer en familia en vez de estar viendo la televisión o estar en la computadora mientras se come.

- No utilizar los alimentos como gratificación.

- Limitar las meriendas.

La obesidad se puede convertir en una cuestión para toda la vida. La razón por la cual la mayoría de las personas ganan las libras que han perdido, es que al alcanzar su meta, regresan a sus viejos hábitos de comer y ejercitarse. Por lo tanto, una persona obesa tiene que aprender a comer y a disfrutar los alimentos saludables de forma moderada, y ejercitarse regularmente para mantener el peso deseado. Debe ser un cambio definitivo, para toda la vida, no sólo por el tiempo que dure la dieta. Los padres de un niño obeso pueden mejorar la autoestima de su hijo, enfatizando sus puntos fuertes y cualidades positivas, en vez de enfocarse en el problema del peso.

A continuación, encontrará algunos principios importantes para recordar:

- La glotonería, la comida y la bebida han sido pecado desde la antigüedad.

- La glotonería es un deseo compulsivo de comer, provocado por una ansiedad en el alma.

- La anorexia es tener un intenso temor a ganar peso.

- La bulimia es tener una gran ansiedad por comer.

- Las causas de la glotonería y la obesidad son emocionales, espirituales y genéticas, por haber sido víctima de un abuso sexual, por reacciones alérgicas a ciertos alimentos, por mala alimentación y falta de ejercicio.

- Jesús habló de la comida y la bebida. Él dijo que lo más importante era buscar el Reino de Dios que tiene la vida verdadera.

- El Reino de Dios consiste en justicia, gozo y paz.

- La glotonería conduce a consecuencias muy grandes, tanto físicas, como emocionales y espirituales.

- La palabra final es que Jesús tiene el poder para liberarnos de la glotonería o cualquier otro desorden del apetito; pero, tenemos que poner de nuestra parte, disciplinarnos a nosotros mismos.

CAPÍTULO 14

LA AUTOLIBERACIÓN

Creo, personalmente, que la liberación es progresiva en nuestras vidas; y que, a medida que vamos madurando en el Señor, vamos siendo libres en muchas áreas. Algunas personas son libres al instante en que reciben a Jesús, aunque esto no es muy común; pues la mayoría es liberada de acuerdo al crecimiento que tengan en Dios. Entre más ataduras tenga una persona, más será el tiempo que le tomará para ser libre. La mayor parte de las personas no tienen idea de qué tan extensa e intensa es la influencia, la infiltración y la opresión demoníaca en sus vidas; es más, posiblemente, la persona que no crea tener ninguna atadura sea la que más tenga. Aunque, por otro lado, si están conscientes de su situación, no saben cómo ser libres de estas opresiones y ataduras.

¿Qué es una atadura?

Es una influencia demoníaca que impide que una persona haga lo correcto; aun sabiendo lo que tiene que hacer, no lo hace, porque las influencias demoníacas que operan en ella se lo impiden.

¿Qué es la autoliberación?

Es cuando un creyente se arrepiente delante de Dios y renuncia por sí mismo a cualquier espíritu demoníaco que oprime su vida. Esto es hecho por medio de la autoridad y el poder del Espíritu Santo, sin la ayuda de otra persona.

No todo el mundo va a recibir liberación inmediata a través de la autoliberación; hay quienes fallan y, en este caso, deben buscar la ayuda de un liberador. Sin embargo, hay otras personas, que al llevar a cabo la autoliberación, son libres al instante.

¿Cuáles son las razones por las cuales se ven estos dos diferentes resultados en la autoliberación?

1. En el caso de que falle la autoliberación, una de las razones puede ser que la persona esté bajo un fuerte control demoníaco.

   Si éste es el caso, la persona no tiene la suficiente fe y autoridad para echar fuera los demonios. Por eso, es necesaria la intervención de una persona con mayor unción y autoridad para que le ayude a ser libre.

2. Otra de las razones, es que la persona esté controlada por espíritus familiares.

   Esto significa que los espíritus que la están atando han estado en la familia por generaciones enteras y no se dan por vencidos fácilmente; en este caso, no es sólo cuestión de echarlos fuera. Ellos defienden lo que creen que es su territorio, pues les fue otorgado derecho legal por un antepasado de la familia. Cualquier persona que no pueda recibir liberación por medio de la autoliberación, debe buscar la ayuda de alguien con experiencia en este campo. Cuando los mayores obstáculos son removidos, entonces sí puede tomar lugar la autoliberación. La mayor parte de las veces, las personas que han sido previamente liberadas con la ayuda de alguien más, obtienen posteriores autoliberaciones en forma rápida e instantánea; simplemente siguiendo ciertos pasos que explicaré al final de este capítulo.

¿Quiénes se pueden beneficiar de la autoliberación?

- Aquellos que tienen la convicción absoluta de que la liberación es el "pan de los hijos".
- Personas que viven en lugares apartados.
- Líderes o creyentes que están en posiciones altas que no tienen a dónde ir para que los ministren.
- Creyentes que ya han sido ministrados una y otra vez con la ayuda de otra persona.
- Aquellos creyentes que recibieron liberación, pero cayeron en tentación y le abrieron la puerta al enemigo otra vez.
- Cuando alguna otra área de la personalidad necesita más liberación, con la condición de que ya se haya lidiado con la raíz del problema en particular.
- Creyentes que han recibido liberación, pero todavía sienten que continúa una opresión en particular sobre ellos.

¿Cómo debemos prepararnos para la autoliberación?

Cuando una persona vaya a autoliberarse, debe estar completamente segura de que Jesús es el Señor de su vida, su Salvador, y que ha nacido de nuevo. Otros factores importantes que se deben tener en cuenta son, un completo arrepentimiento de sus pecados, y que esté viviendo una vida pura y santa.

Hay tres grandes obstáculos que impiden que los creyentes reciban liberación o autoliberación.

1. La falta de arrepentimiento

Cuando la persona está viviendo en pecado y no se arrepiente, le está cediendo un derecho legal al enemigo para obrar en su vida; y cuando el enemigo tiene un derecho legal que no le es quitado, no tiene por qué irse. Ésta es la razón por la que mucha gente busca la liberación, pero no la recibe. Pregúntese, si hay algún área de su vida, en que el enemigo pueda estar ejerciendo un derecho legal, por falta de arrepentimiento, el cual le impide a usted ser completamente libre.

A continuación, se presentan varias versiones bíblicas acerca de Efesios 4.27 ("ni deis lugar al diablo") para una mayor comprensión del tema:

- "27...ni den cabida al diablo". *Nueva Versión Internacional (NVI)*
- "27No le den oportunidad al diablo". *Dios Habla Hoy (DHH)*
- "27...ni deben darle al diablo oportunidad de tentarlos". *Biblia en Lenguaje Sencillo (BLS)*
- "27...ni deis oportunidad al diablo". *La Biblia de las Américas (LBLA)*

2. La falta de perdón

Uno de los mayores obstáculos para que un creyente reciba la liberación, es la falta de perdón. En mi libro *El Perdón*, enseño con lujo de detalles, acerca de la falta de perdón. Antes de comenzar la autoliberación, el creyente debe estar seguro de que ha perdonado, con todo su corazón, a aquellos que le han ofendido.

"15...más si no perdonáis a los hombres sus ofensas, tampoco vuestro Padre os perdonará vuestras ofensas". Mateo 6.15

Una de las señales que demuestran que una persona tiene falta de perdón, se manifiesta cuando recuerda lo malo que le han hecho, y aún le duele. La falta de perdón es un derecho legal que una persona le da al enemigo para actuar en su vida cuando no ha perdonado las ofensas que le han hecho; y si éste es el caso, hasta el momento que perdone, tendrá la puerta abierta a cualquier influencia demoníaca. No importa quién ore por usted, no importa cuánto usted quiera ser libre, tiene que perdonar, porque de lo contrario, nunca será libre.

Lea la siguiente oración en voz alta:

"Padre Celestial, yo me arrepiento, con todo mi corazón, por guardar falta de perdón, amargura, odio y resentimiento contra las personas que me han herido. ¡Ahora mismo, yo renuncio a todo espíritu de amargura, de odio y de falta de perdón y me declaro libre, en el nombre de Jesús!"

"Padre Celestial, yo me perdono a mí mismo; nunca más me culparé o me rechazaré por lo que he hecho. Padre, tú me has perdonado, y yo también he decidido perdonarme mí mismo. Señor, vengo contra todo espíritu de falta de perdón y le ordeno que nunca más vuelva a mi vida, en el nombre de Jesús. ¡Amén!"

A lo largo de los años, he tratado casos donde las personas que guardaban rencor (falta de perdón) en sus corazones, no han podido ser libres ni sanas por más que yo haya orado por ellas más de una vez. En Cuba, me sucedió esto con una mujer que estaba en una silla de ruedas. Mientras oraba por ella, supe, por el Espíritu Santo, que en su corazón había rencor. Cuando le pedí a un liberador que la guiara a perdonar, ella fue sanada. En el instante en que decidió perdonar, fue liberada y sanada.

3. La incredulidad o la duda

"Jesús le dijo: por vuestra poca fe". Mateo 17.20

La incredulidad fue la que impidió que los discípulos de Jesús pudieran echar fuera el demonio del muchacho epiléptico. Hay ocasiones en que las personas quieren creer, pero no pueden. Otras veces, es un espíritu de incredulidad que se los impide y les ciega los ojos de su entendimiento; pero, cuando una persona está totalmente exhausta de la condición en que se encuentra, desea la liberación y tiene la suficiente fe para creer que Dios la puede hacer libre, será verdaderamente libre. Lo mismo ocurrirá con la persona que tenga fe en que Dios tiene el poder para hacer libre a alguien por medio de ella. Usted tiene que creer que Jesús es su Libertador, que es la voluntad de Dios que usted sea salvo, libre y sano. Por tanto, ¡aprópiese de lo que es suyo!

¿Cuáles son los pasos para hacer una autoliberación?

1. Escriba cada problema del que usted siente que necesita ser liberado.

Haga una lista de cosas con las cuales usted tiene una constante lucha. Por ejemplo:

- Lujuria
- Rechazo
- Mentira
- Falta de perdón
- Temor
- Glotonería
- Ira
- Maldiciones generacionales
- Enfermedades
- Depresión
- Pasividad
- Incredulidad
- Pastillas
- Alcohol
- Cigarro
- Drogas
- Pornografía
- Homosexualismo
- Lesbianismo
- Ansiedad
- Esterilidad
- Soledad
- Cáncer
- Pastillas

Ésta solamente es una pequeña lista; usted puede escribir más. Escudriñe su área emocional, sexual, espiritual, y cualquier otra área a la que esto pueda ser aplicado.

2. El arrepentimiento y la renunciación

Una vez que usted haya hecho la lista, comience a arrepentirse por cada una de esas prácticas y comience a renunciar a ellas.

Lea esta oración conmigo en voz alta:

"Yo confieso que Jesús es mi Señor y Salvador. Yo, voluntariamente, renuncio a toda actividad de Satanás en mi vida a través de la iniquidad, transgresión o pecado de mis padres, abuelos, ancestros y aun de mí mismo".

"Me arrepiento de pensamientos, palabras y acciones conscientes y subconscientes que han deshonrado a Jesús; y te pido perdón. Te ruego, Señor, que me limpies y me des la libertad de estas fuerzas malignas."

"Jesús, yo renuncio al diablo, a los demonios y a todas sus obras, influencias, ataduras, opresiones, maldiciones y enfermedades que están presentes en mi vida. Renuncio a toda influencia demoníaca que me aparta de tu camino. Te pido que realices en mí una liberación total, pues creo que de tu muerte y resurrección, procede mi libertad. Señor Jesús, te pido que seas el Señor absoluto de mi vida. ¡Amén!"

3. El proceso de la autoliberación

Debido a que éste es un asunto entre el Señor y usted, es recomendable que haga esto a solas. (Es bueno tener a la mano un pañuelo en caso de que usted llore). Tan pronto haya hecho la oración y la declaración anterior, comience a nombrar cada uno de los espíritus. Si usted no sabe el nombre de los espíritus que se manifiestan, entonces, ordénele, al espíritu que está detrás de la opresión o la influencia, las siguientes palabras:

"Yo ordeno a todo espíritu detrás de esa influencia maligna que suelte mi cuerpo. ¡Ahora mismo, en el nombre de Jesús!"

Si por el contrario, usted tiene claro cuál es el espíritu o los espíritus que lo están oprimiendo, puede hacer una oración como la siguiente: "Espíritu de rechazo, yo te ato y te ordeno en el nombre de Jesús que salgas de mi vida; rompo tu poder y declaro que, en el nombre de Jesús, soy libre. ¡Ahora mismo!" Esto debe hacerlo espíritu por espíritu, área por área. Renuncie, luego átelo, y por último, ordénele que se vaya en el nombre de Jesús, para que salga de su vida.

Para este momento, usted se puede encontrar tosiendo, bostezando y, a lo mejor, vomitando a medida que el Espíritu Santo lo va haciendo libre. Si no hay una evidencia espontánea de liberación, entonces comience a toser y a respirar profundo, usted encontrará que ese toser voluntario va a continuar hasta que los espíritus responsables por cada condición se hayan ido. El toser, voluntaria o deliberadamente, es para usted un paso de fe; pero, para los demonios, es una señal de que deben irse, al igual que con el acto de echarlos fuera. He encontrado que las reacciones demoníacas durante la liberación pueden ser vistas en movimientos de diferentes partes del cuerpo de la persona que está recibiendo la liberación. Por ejemplo, movimientos en el área del abdomen, las manos, la expresión de su cara y otros.

Algunos consejos para el momento de la autoliberación. (Por favor, mantenga esto en mente):

- Nunca converse con ningún espíritu que hable a su mente. Ordénele que esté en silencio y que salga en el nombre de Jesús. Entonces, comience a toser deliberadamente, hasta que sienta que se va.

- Los demonios quizás quieran distraerlo haciéndolo llorar.

  Ésta suele ser una táctica para demorar el proceso; por lo tanto, no ceda, sino que tosa deliberadamente o bostece hasta que ellos obedezcan y se vayan; entonces, notará que el deseo de llorar va a desaparecer.

- Permanezca sentado todo el tiempo y rehúsese a ceder a cualquier fuerza que lo quiera hacer caer en el piso o gritar. Rehúsese, en el nombre de Jesús, a obedecer a los demonios, y se dará cuenta que usted está en control.

- Reclame y aprópiese por fe, de su liberación completa; crea que ya la recibió. Algunas veces, los demonios tratan de hacerle creer que nada sucedió, especialmente cuando no hay manifestaciones físicas de su presencia. Los primeros días y semanas los espíritus tratan de convencerlo de que usted no es libre y pueden usar estrategias como los mismos deseos y síntomas que usted tenía antes de ser libre, pero es en ese momento, que usted tiene que tomar autoridad sobre ellos. Algunas veces, los demonios también tratarán de traer a su mente pensamientos de duda, pero usted debe reprenderlos.

- Si usted lo hizo por primera vez y no fue libre totalmente en algunas áreas, hágalo otra vez, en las áreas específicas que quedaron sin liberar.

- Crea que lo que está diciendo está sucediendo. La llave para desatar su fe es la confesión que usted hace con su boca, en voz alta.

- Trabaje, muy de cerca, con el Espíritu Santo. Él le puede mostrar algún área que, a lo mejor, usted no recuerda. Él se la traerá a su mente y estará con usted todo el tiempo.

- Sea paciente, pues, algunas ataduras pueden ser débiles mientras que otras pueden ser muy fuertes. Una atadura débil puede ser rota al instante; sin embargo, una fuerte puede tomar un tiempo más prolongado.

  Algunas personas esperan que años de problemas puedan ser resueltos en una hora de consejería y liberación. Esto no es así; ser totalmente libre envuelve una fuerte guerra espiritual, esfuerzo y disciplina de parte de la persona que anhela ser liberada. Incluso, pueden pasar largos períodos de tiempo hasta que todas las ataduras sean rotas. Algunas personas, recaen o desmayan durante el proceso de ser completamente libres.

4. Ore por limpieza y renovación

   Comience a orar para que el Señor limpie cada área de su cuerpo, su alma y su espíritu; pídale que llene las áreas que los espíritus dejaron vacías.

Una manera en que la persona puede recibir la limpieza total, es respirando profundo; y esto es un acto de fe. Un consejo final, mantenga su liberación, apártese del pecado, ore todos los días, lea la Palabra, reprenda todo mal pensamiento que el enemigo le envíe a su mente; sea lleno del Espíritu Santo, asista a una iglesia continuamente y resista al enemigo.

Algunos principios importantes:

- Las ataduras son influencias que le impiden a las personas hacer lo correcto delante de Dios.
- La autoliberación puede ser practicada por cualquier creyente.

- La falta de arrepentimiento, la falta de perdón y la incredulidad son los grandes obstáculos para recibir liberación.
- La liberación puede ocurrir al instante o progresivamente.
- La autoliberación es posible cuando se trabaja juntamente con el Espíritu Santo.

BIBLIOGRAFÍA

Biblia Plenitud. 1960 Reina-Valera Revisión, ISBN: 089922279X, Editorial Caribe, Miami, Florida.

Breaking Unhealth Soul-ties, copyright 1999, Impact Christian Books, Inc. 332 Leffingwell Ave., Suite 101 Kirkwood, MO 63122, ISBN: 0892281391, Printed in USA.

Caballeros, Harold. *De Victoria en Victoria.* Edición 1999 Caribe/Betania, Editores Nashville, TN, Miami FL, ISBN: 0-88113-541-0, Impreso EEUU.

Dewberry, Harold R, PhD. *Feed my Sheep, Feed my Lambs.*

Dewberry, Harold R, PhD. New Vine Press, PO Box 17, Chichester West Sussex, PO 20 6YB, England, Copyright 1993, ISBN: 1874367396, Third edition 1995.

Diccionario Español a Inglés, Inglés a Español. Editorial Larousse S.A., impreso en Dinamarca, Núm. 81, México, ISBN: 2-03-420200-7, ISBN: 70-607-371-X, 1993.

Eckhardt, John. *Behemoth and Leviatan*, Published by Crusaders Ministries, PO Box 7211, Chicago IL 60680, ISBN: 1883927-02-1, Printed USA.

El Pequeño Larousse Ilustrado. 2002 Spes Editorial, S.L. Barcelona; Ediciones Larousse, S.A. de C.V. México, D.F., ISBN: 970-22-0020-2.

Expanded Edition the Amplified Bible. Zondervan Bible Publishers. ISBN: 0-31095168-2, 1987 – lockman foundation USA.

Gibson, Noel y Phyl. *Evicting Demonic Intrudors.* New Vine Press, PO Box 17, Chichester West Sussex, PO 20 6YB, England, Copyright 1993, ISBN: 1874367094

Hamon, Bill Dr. *Prophets Pitfalls and Principles*, Published by Destiny Image, 107 Walnut Bottom Road, Shippnsburg, PA 17257-0310.

Hewett, James S. *Illustrations Unlimited.* Tyndale House Publishers, Inc., Wheaton, Illinois, 1988.

Horrobin, Peter J. *Healing Throught Deliverance*, The Biblical Basis (volume 1), edition 1991, 1994.

Horrobin, Peter J. *Healing Throught Deliverance*, The Practical Ministry (volume 2), 1995 first edition, Sovereigh World Ltd., PO Box 777 4 on Bridge, Kent, TN 11 9XT, England, ISBN: 1-85240-039-0.

Lahaye, Tim. *Temperamentos Controlados por el Espíritu.* Tercera edición 1990, Publicado por Editorial Unilit, Miami, FL., ISBN: 8423-6254-1, impreso en EUA.

Maldonado, Guillermo. *Sanidad Interior y Liberación*, 5ta edición 2004, Publicado y editado en GM International, 14291 SW 142 St., Miami, FL 33186, ISBN: 1-59272-002-1, Impreso en EEUU.

Méndez Ferrell, Ana. *Los Cielos serán Conmovidos*, Casa Creación, Segunda edición 1999, Strang Communications, 600 Rinehart Road, Lake Mary, FL 33746, ISBN: 0-88419-701-8.

Reina-Valera 1995 - Edición de Estudio, (Estados Unidos de América: Sociedades Bíblicas Unidas) 1998.

Strong James, LL.D, S.T.D., *Concordancia Strong Exhaustiva de la Biblia*, Editorial Caribe, Inc., Thomas Nelson, Inc., Publishers, Nashville, TN - Miami, FL, EE.UU., 2002. ISBN: 0-89922-382-6.

The New American Standard Version. Zordervan Publishing Company, ISBN: 0310903335, pages 255-266.

The Tormont Webster's Illustrated Encyclopedic Dictionary. ©1990 Tormont Publications. Pages 255-266.

Vine, W.E. *Diccionario Expositivo de las Palabras del Antiguo Testamento y Nuevo Testamento.* Editorial Caribe, Inc./División Thomas Nelson, Inc., Nashville, TN, ISBN: 0-89922-495-4, 1999.

Ward, Lock A. *Nuevo Diccionario de la Biblia.* Editorial Unilit: Miami, Florida, ISBN: 0-7899-0217-6, 1999.

www. Todotarot.com.ar/Avisos/acupunturaavisos.htm

http://home.flash.net/~coviedo/s-howdoe.htm

www.angelfire.com/qa/metlsystem/metafísica.htm

Valenzuela, Carlos. *Religiones Sectas y Herejías.* Edición 2004.

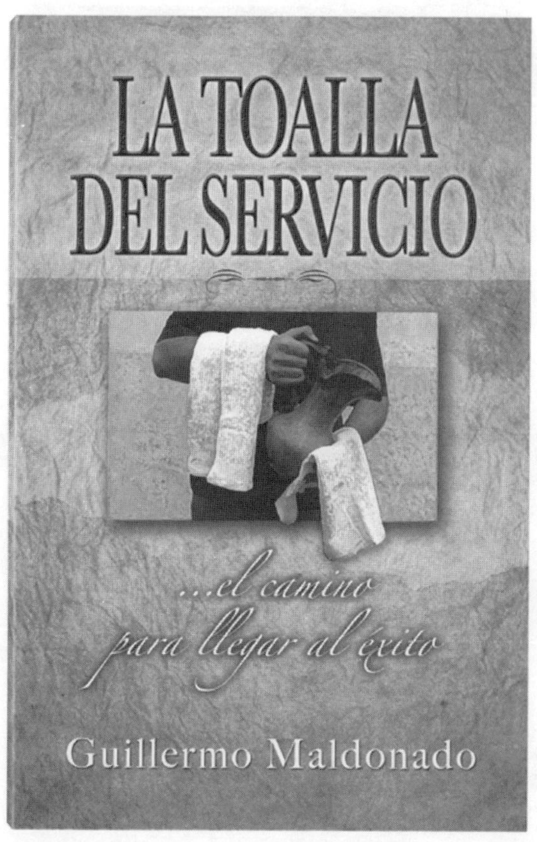

El propósito de este libro es que cada creyente conozca la importancia del servicio para llegar a donde Dios quiere llevarlo, y que reciba la gran bendición que se adquiere al servir a otros. Aquí encontrará los fundamentos que le ayudarán a hacerlo con excelencia, tanto con Dios como con los que le rodean.

ISBN 1-59272-100-1

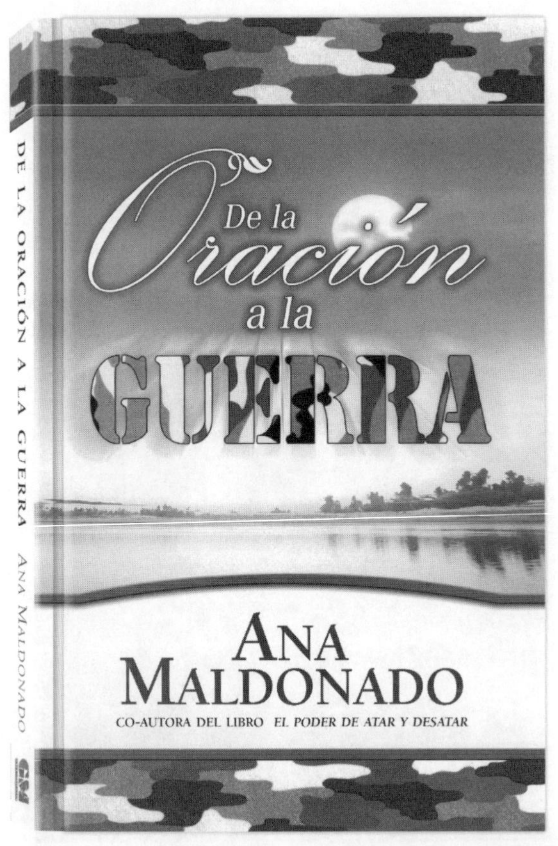

Este libro no tiene simplemente teoría, sino que está lleno de sabiduría y experiencias reales de confrontación, cara a cara, con el enemigo; asimismo, revolucionará, transformará y traerá un avivamiento y un despertar para el pueblo de Dios; que cree que sin oración y sin guerra espiritual puede lograr lo que Dios nos mandó a hacer. La pastora Ana Maldonado es un testimonio viviente de una mujer que se ha levantado, día tras día, en oración y en guerra contra el enemigo. Es hora de que usted sea retado a dejar de temerle al diablo y a los demonios, y se dé cuenta de que usted tiene la autoridad para mantenerlos debajo de sus pies.

1-59272-137-0

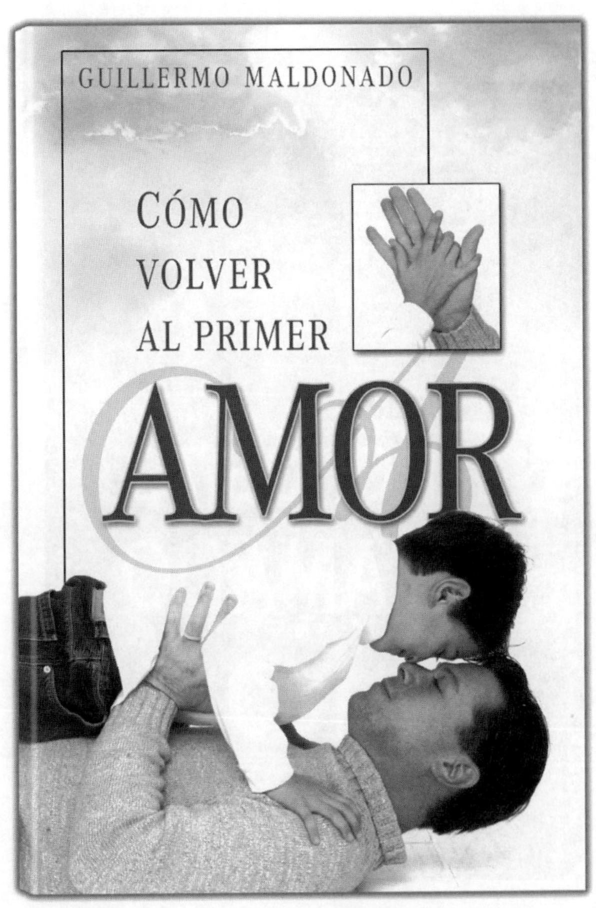

El primer amor tiene muchas características importantes que, al transcurrir del tiempo, se van perdiendo de vista. Este libro, nos ayudará a reconocer qué es el primer amor y cómo mantenerlo, para que podamos obtener la victoria en nuestra vida espiritual.

1-59272-121-4

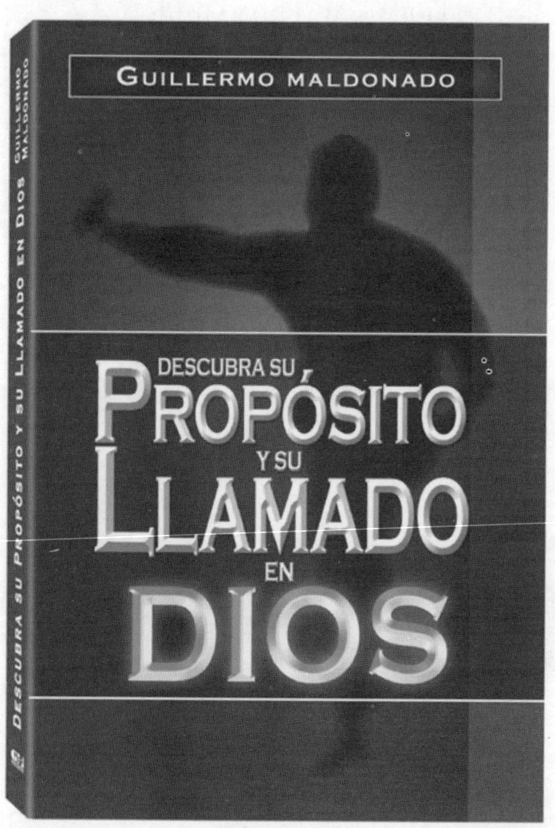

GUILLERMO MALDONADO
DESCUBRA SU
PROPÓSITO
Y SU
LLAMADO
EN
DIOS
DESCUBRA SU PROPÓSITO Y SU LLAMADO EN DIOS
GUILLERMO MALDONADO

Este libro tiene el propósito de presentarle y darle a conocer este maravilloso misterio de Dios, revelado a sus hijos por medio de su Palabra; ponerle a su disposición conceptos y significados para que usted aprenda lo que es "el llamado", cuál es el suyo, cómo buscarlo y reconocerlo cuando lo encuentre. Mediante este libro, también queremos capacitarlo para que pueda hacerse "uno" con su llamado, y además, adiestrarlo en el proceso que lleva a un cristiano a posicionarse en el mismo centro de "el llamado" de Dios para su vida. Asimismo, podrá reconocer los dones con que Dios lo ha dotado para ser capaz de desarrollar ese "llamado".

ISBN 1-59272-037-4

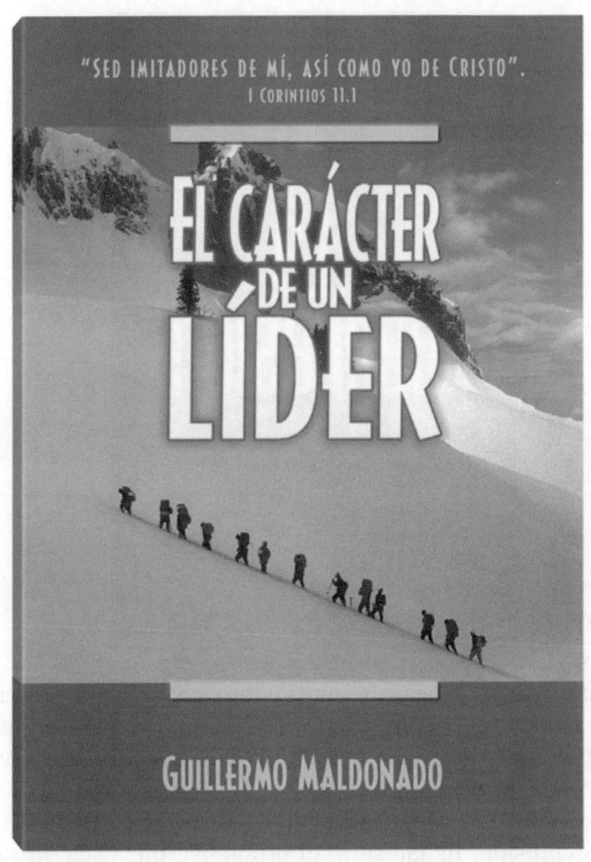

"SED IMITADORES DE MÍ, ASÍ COMO YO DE CRISTO".
I CORINTIOS 11.1
EL CARÁCTER
DE UN
LÍDER
GUILLERMO MALDONADO

¡Dios busca formar su carácter! Muchos ministerios han caído debido a la escasez de ministros íntegros y cristalinos en su manera de pensar, actuar y vivir; por no haber lidiado a tiempo con los desbalances entre el carácter y el carisma. Pero, por eso, Dios nos lleva a través de circunstancias difíciles y permite muchas experiencias dolorosas, cuya intención final es formar nuestro carácter.

Si está dispuesto a que su carácter sea moldeado por los tratos de Dios, este libro fue escrito para usted. ¡Acepte el reto hoy, y atrévase a vivir todo lo que Dios tiene soñado hacer en su vida!

ISBN 1-59272-011-0

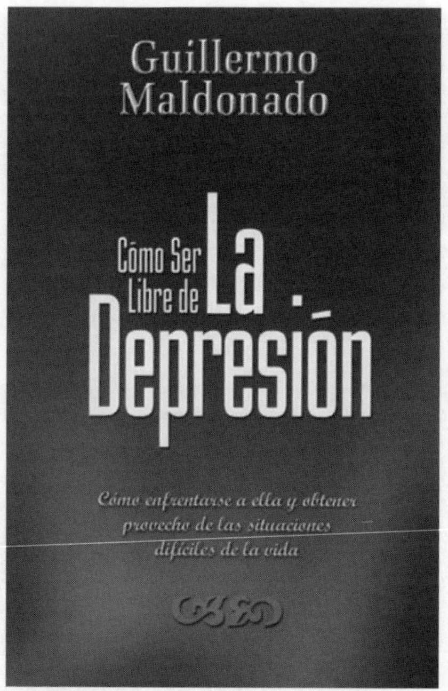

La DEPRESIÓN es un sentimiento prolongado de tristeza y de desánimo, acompañado de una profunda sensación de impotencia, que nos inhabilita para cambiar las cosas que están fuera de nuestro control.

Aproximadamente, 12 millones de personas en los Estados Unidos sufren de depresión. Es tan serio el problema, que cada 90 segundos un adolescente se suicida por esta causa. Lamentablemente, también algunos cristianos han sucumbido ante este mal devastador; y pocos saben cómo enfrentarse a él sin tener que recurrir a conductas destructivas.

Psicólogos, psiquiatras y otros profesionales de la salud han buscado soluciones para enfrentar esta "epidemia", pero no han logrado los objetivos deseados. También, podemos encontrar amplia bibliografía que se refiere al tema. No obstante, pocos abordan el tópico de una manera espiritual y profunda.

Sin embargo, usted encontrará en este maravilloso libro, escrito a la luz de las Sagradas Escrituras, un verdadero manual práctico que le enseñará paso a paso cómo enfrentarse a la depresión y ser libre de ella para siempre.

ISBN 1-59272-018-8

Guillermo Maldonado
EVANGELISMO
Sobrenatural
¡SOLAMENTE EL DOS POR CIENTO DE TODOS LOS
CRISTIANOS HAN GUIADO UNA PERSONA A JESÚS!...
¿ACEPTA EL RETO?...

Solamente el dos por ciento de todos los cristianos ha guiado una persona a Jesús. Desafortunadamente, eso es muy triste para el cuerpo de Cristo. Hemos encontrado, también, que hay muchas iglesias que han crecido con cristianos prominentes de otras iglesias, pero no ha sido con almas nuevas en el Reino. Mi propósito, al escribir este libro, es retar a los creyentes a ganar almas para Cristo y llevarlos a hacer un compromiso con Dios de ser ganadores de almas.

ISBN 1-59272-013-7

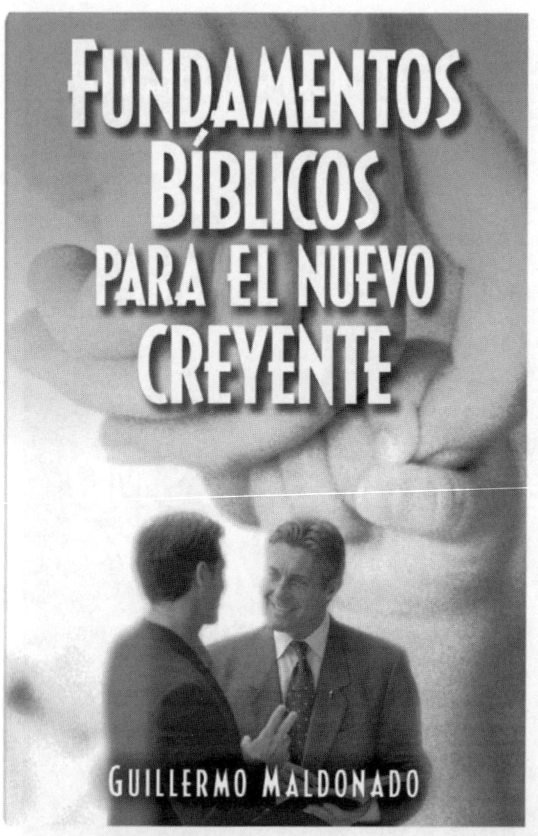

La razón por la cual escribe este libro es para guiar al nuevo creyente a la experiencia de un nuevo nacimiento y llevarlo paso a paso a un crecimiento en el Señor. Cuando somos nuevos creyentes, nos hacemos muchas preguntas acerca de la salvación. ¿Dónde empezar? ¿Qué espera Dios de mí? ¿Cuáles son mis responsabilidades?, y algunas otras preguntas que surgen en nuestro temprano andar cristiano.

ISBN 1-59272-005-6

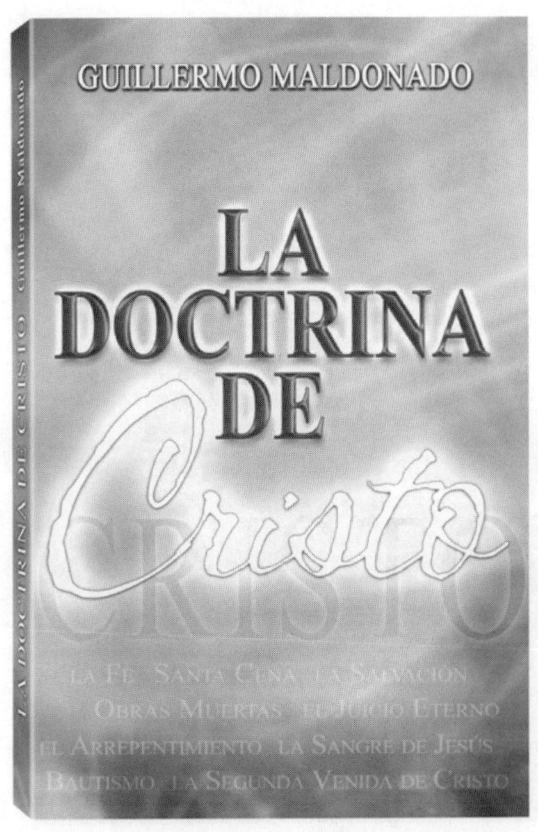

Es imprescindible que cada cristiano conozca los principios bíblicos fundamentales, sobre los cuales descansa su creencia en Dios para que sus cimientos sean fuertes. Y si la doctrina que abraza, está estrictamente arraigada en la Palabra de Dios, podrá experimentar una vida victoriosa en Cristo Jesús.

Este libro suministra enseñanzas prácticas, acerca de los fundamentos básicos de la Doctrina de Cristo, que le traerán revelación a su vida mediante la lectura del mismo.

ISBN 1-59272-021-8

Este libro se ha escrito con el propósito primordial de servir de ayuda no sólo a las familias, sino también a cada persona que tiene en mente establecer una. Estamos seguros que en él, usted encontrará un verdadero tesoro que podrá aplicar en los diferentes ámbitos de su vida familiar.

ISBN 1-59272-024-2

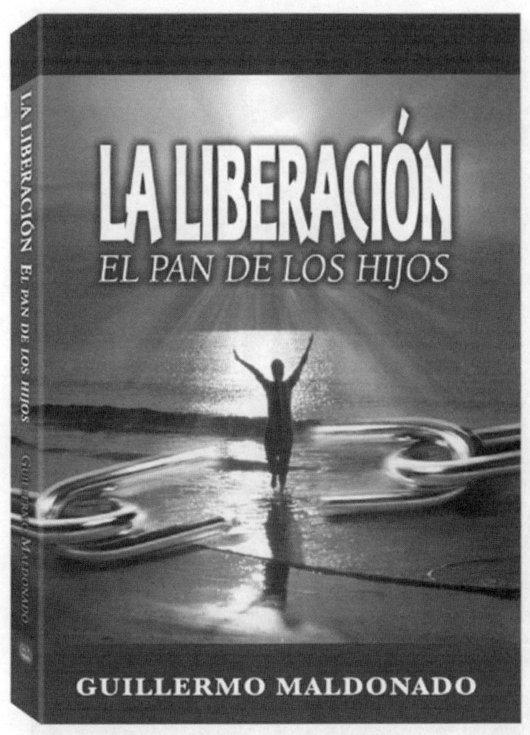

ESTE LIBRO CONTIENE, ENTRE OTROS TEMAS:

- ¿Cómo inició el ministerio de la liberación?
- ¿Qué es la autoliberación?
- ¿Qué es la iniquidad?
- ¿Cómo vencer el orgullo y la soberbia?
- ¿Cómo vencer la ira?
- ¿Cómo ser libre del temor o miedo?
- La inmoralidad es una actitud del corazón
- 19 verdades que exponen al mundo místico a la luz de la palabra de Dios
- ¿Qué es la baja autoestima?

ISBN 1-59272-086-2

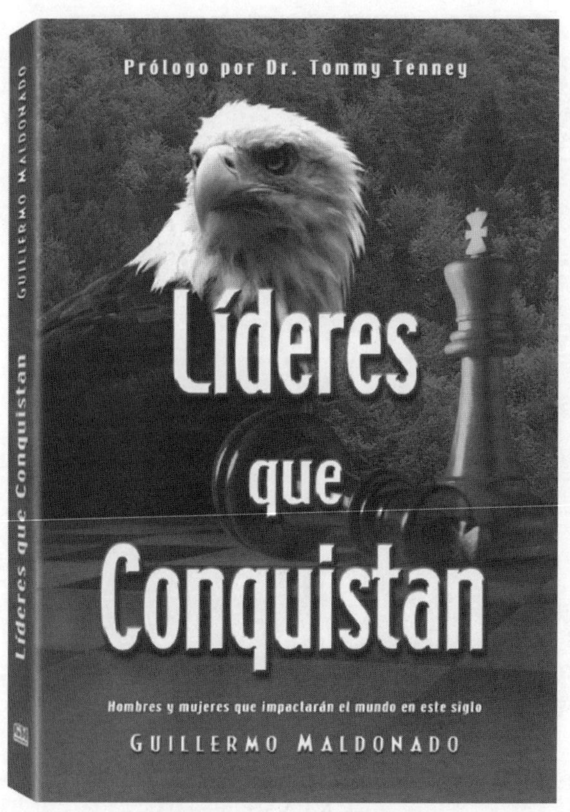

Prólogo por Dr. Tommy Tenney
Líderes que Conquistan
Hombres y mujeres que impactarán el mundo en este siglo
GUILLERMO MALDONADO
Líderes que Conquistan
GUILLERMO MALDONADO

Es un libro que lo conducirá desde el descubrimiento del plan original de Dios para el hombre, hasta el deseo incontenible de cumplir su propósito divino como un líder de Dios aquí en la tierra. Será una fuerza que lo sacará de ser una persona común a convertirse en una persona original, extraordinaria en las manos del Creador. Lo hará desafiar lo establecido, lo llevará a no conformarse, a no dejarse detener por topes o limitaciones; de tal modo, que no sólo cambiará su vida, sino que afectará a todo aquel que esté cerca suyo, y además, será de inspiración y motivación para muchos que vendrán detrás de usted buscando cumplir sus propios destinos en Dios.

ISBN 1-59272-022-6

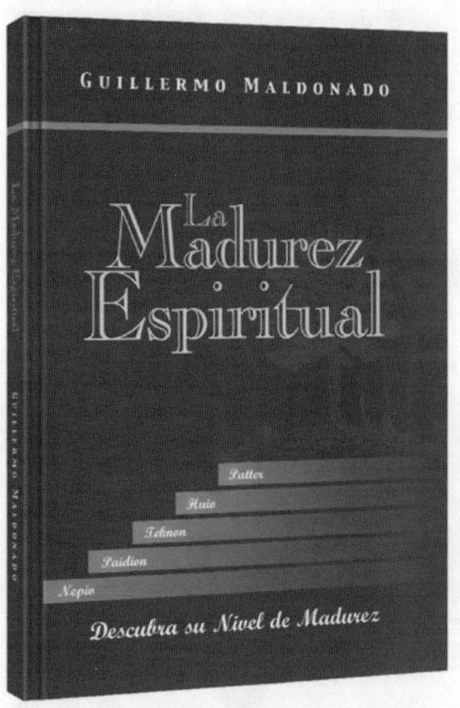

En este libro, usted encontrará una nueva perspectiva de la madurez espiritual, que lo orientará a identificar su comportamiento como hijo de Dios, y lo ayudará no sólo a visualizar los diferentes niveles de madurez que hay, sino también, le permitirá descubrir en cuál de ellos se encuentra para hacer los ajustes requeridos.

Dentro de este marco general, se pretende describir el perfil del cristiano en cada una de las etapas de crecimiento y desarrollo espiritual. También, se sientan las bases bíblicas, conceptuales y estratégicas que facilitan la promoción a nuevos niveles de desarrollo y crecimiento.

Además, cada capítulo contiene sugerencias y planteamientos prácticos, basados no sólo en las Sagradas Escrituras, sino en la experiencia y el conocimiento del autor, que lo impulsará a escalar nuevos peldaños en su caminar con Dios.

ISBN 1-59272-012-9

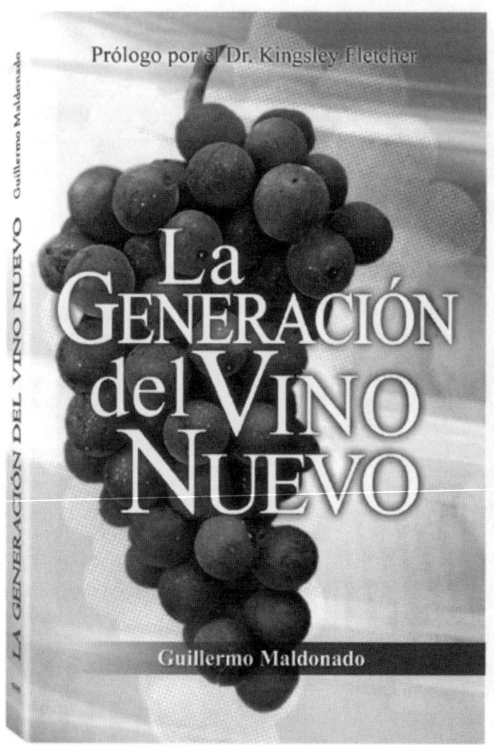

En este libro, usted encontrará pautas que le ayudarán a enrolarse en la generación del Vino Nuevo, que es la generación que Dios está preparando para que, bajo la unción y el poder del Espíritu Santo, conquiste y arrebate lo que el enemigo le ha robado, y ejerza dominio sobre toda obra de maldad. ¡Usted puede y debe ser parte de esta reforma espiritual!

En síntesis, podemos decir que si queremos una reforma profunda y formar parte de esta generación, sobre la cual el Dios del cielo derramará su Vino Nuevo, debemos pasar por una renovación total, que nos permita derribar todo argumento que se levante contra el mover sobrenatural de Dios.

Es mi oración, que este libro sea el instrumento que Dios utilice para deshacer toda venda espiritual, y que a su vez, le sirva como herramienta a la iglesia del Señor, para que pueda tomar posesión de la tierra, que ya Jesús conquistó para nosotros en la cruz del Calvario.

ISBN 1-59272-016-1

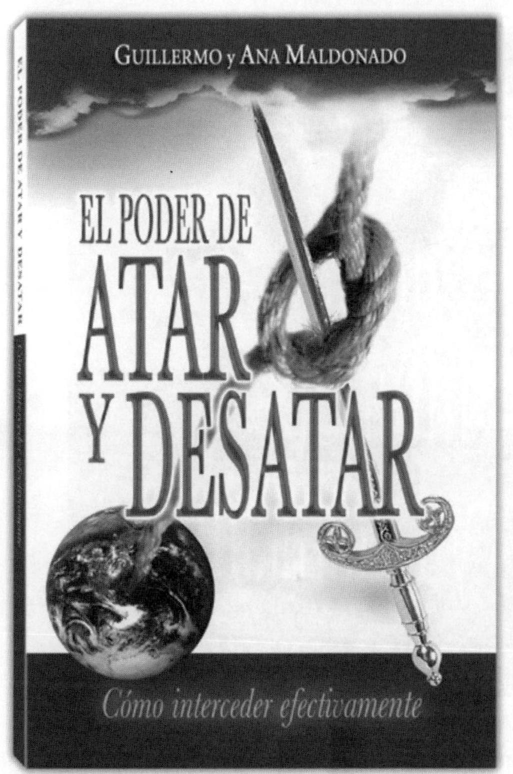

Existen muchas definiciones acerca de la intercesión; pero, aún así, la mayoría de los creyentes no la practican. Debido a esto, muchos no logran obtener lo que Dios ya ha establecido que les pertenece.

Este libro tiene el propósito de transformar su vida espiritual, dándole un enfoque directo al verdadero poder que tenemos en Cristo Jesús.

El conocer esta realidad, le hará dueño de una llave del Reino que le permitirá abrir las puertas de todas las promesas que Dios tiene para sus hijos; y al mismo tiempo, podrá deshacer todas las obras del enemigo. También, obtendrá las bases necesarias para practicar la intercesión efectivamente, tanto en su hogar, como en su iglesia y su comunidad.

ISBN 1-59272-074-9

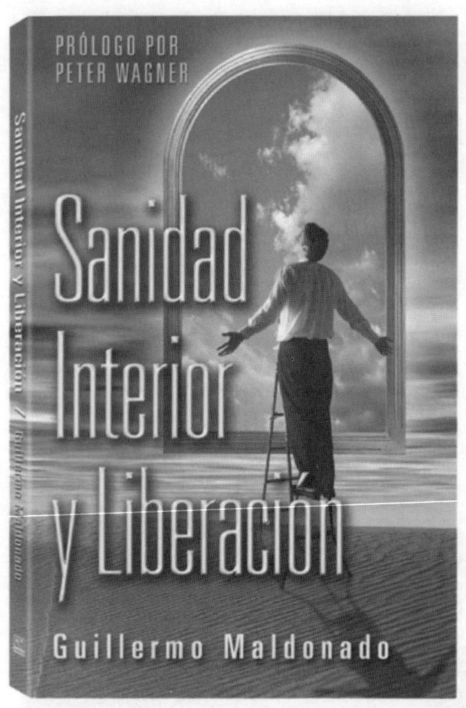

PRÓLOGO POR
PETER WAGNER
Sanidad
Interior
y Liberación
Guillermo Maldonado
Sanidad Interior y Liberación / Guillermo Maldonado

Este libro será un poderoso instrumento en propagar ministerios efectivos de liberación a través de todas las iglesias hispanas del mundo. Este libro no es sólo teoría, es un manual práctico de cómo hacerlo. Si usted es un pastor, tiene el libro correcto en sus manos. Léalo, absórbalo y comience a practicar sanidad interior y liberación en su iglesia local. Si usted no es un pastor y quiere que su iglesia reciba esta bendición, compre otro ejemplar y regáleselo a su pastor, y así estará contribuyendo para el avivamiento de su ciudad.

Hoy, como una bendición más de nuestro buen Dios, llega al lector este libro inspirado, el cual será de impacto a todo aquel que tenga la oportunidad de leer y estudiar cada uno de los capítulos que se mencionan en el mismo.

A medida que leas este libro, irás entendiendo las áreas de tu vida que tienen que ser tratadas y consideradas para que puedas tener la seguridad que sólo el Señor y su verdad revelada te podrán hacer totalmente libre.

También, podrás estudiar paso a paso los consejos dictados, alcanzando a ser un instrumento de bendición a las vidas que el Señor ponga en tu camino en el transitar diario de tu vida con Él.

ISBN 1-59272-002-1

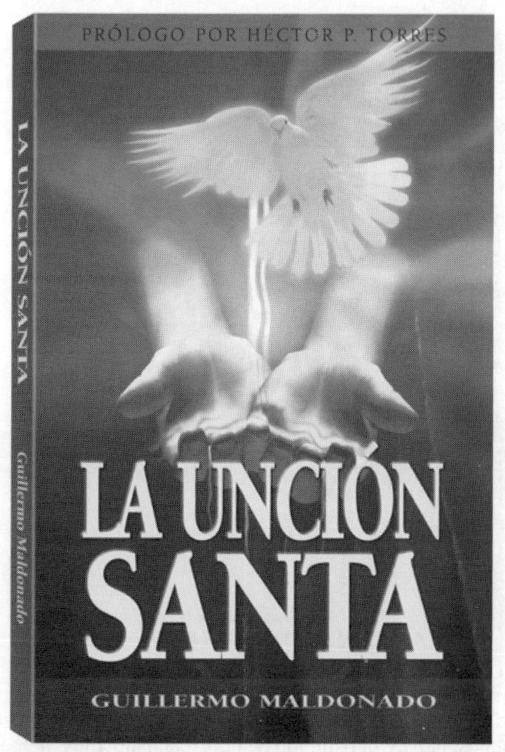

El gran éxito que han obtenido algunos líderes cristianos es debido a que han dependido de la unción de Díos. Desesperadamente, la iglesia de hoy necesita la uncíon del Espíritu Santo para salir del letargo religioso en que ha entrado. En estos tiempos, todos los cristianos hablan de la unción del Espíritu Santo, pero, ¿cuántos realmente entienden lo que es la unción? Algunos piensan que es un sentir físico, otros lo entienden como algo mágico.

Con este libro, propongo darles principios duraderos que hagan que la unción de Dios aumente cada día en sus vidas y obtengan grandes resultados.

ISBN 1-59272-003-X

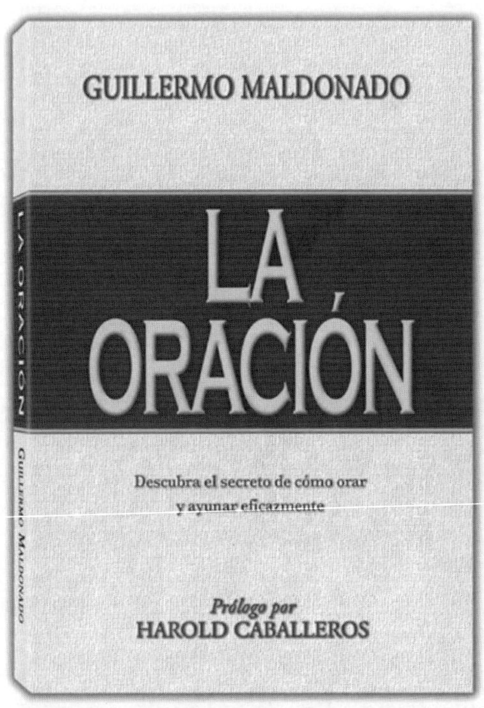

GUILLERMO MALDONADO
LA ORACIÓN
Descubra el secreto de cómo orar y ayunar eficazmente
Prólogo por
HAROLD CABALLEROS
LA ORACIÓN
GUILLERMO MALDONADO

He viajado por muchos países del mundo y he escuchado muy a menudo la pregunta: ¿Cómo puedo desarrollar una vida consistente de oración? Las personas no tienen duda de su necesidad o su deseo de orar, sino más bien, se encuentran a la deriva en cuanto a "cómo hacerlo". Es sorprendente la necesidad que existe de un libro precisamente como el que usted tiene en sus manos.

Lo que Guillermo Maldonado ha escrito, sin lugar a dudas, bendecirá a muchísimos creyentes. Se trata de un libro que va directo al grano. Cubre las áreas fundamentales de la oración e incluye el tema del ayuno.

Si el lector es un creyente nuevo, se beneficiará enormemente con el contenido del libro. Si por el contrario, se trata de un creyente maduro, renovará seguramente su interés en la oración, le aclarará conceptos fundamentales y le ayudará a iniciar o a mantener una vida comprometida de comunión con Dios.

No es un libro de fórmulas o pasos para alcanzar algo, sino que va más allá, guiándonos al verdadero significado de la oración: Comunión íntima con Dios, santidad, una vida de perdón, ayuno, y por supuesto, incluye las bases de la fe para la petición por nuestras necesidades.

No tengo ninguna duda ni reserva en recomendarle este libro, porque sé que le bendecirá grandemente.

Harold Caballeros
Ministerios El Shadda

ISBN 1-59272-011-0

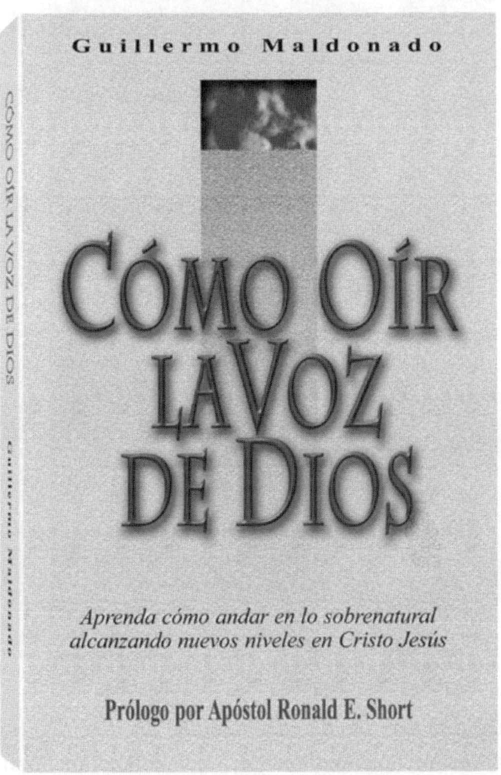

Guillermo Maldonado
Cómo Oír La Voz de Dios
Aprenda cómo andar en lo sobrenatural alcanzando nuevos niveles en Cristo Jesús
Prólogo por Apóstol Ronald E. Short

Éste es uno de esos libros especiales, escritos no por una persona que conoce acerca de Dios, sino de una persona que conoce a Dios. El tema "Cómo Oír la Voz de Dios" es vital en estos momentos. Estamos viviendo en tiempos difíciles y más que nunca estamos necesitados de tener oídos espirituales para escuchar. Se le ha prestado cuidadosa atención a las diferentes maneras en las cuales Jesús es revelado a través del poder de Dios en nuestras vidas a medida que le servimos. Cada línea está llena de instrucción, definiciones, aplicaciones y ejemplos sencillos de la vida diaria. En sus manos, está un libro especialmente ungido, pero como el escritor enseña: "no busque conocimiento solamente, propóngase en su corazón aplicarlo en todas las áreas de su vida".

Dr. Ronald E. Short
Apóstol y Maestro
Misionario Evangelístico al mundo hispano

ISBN 1-59272-015-3

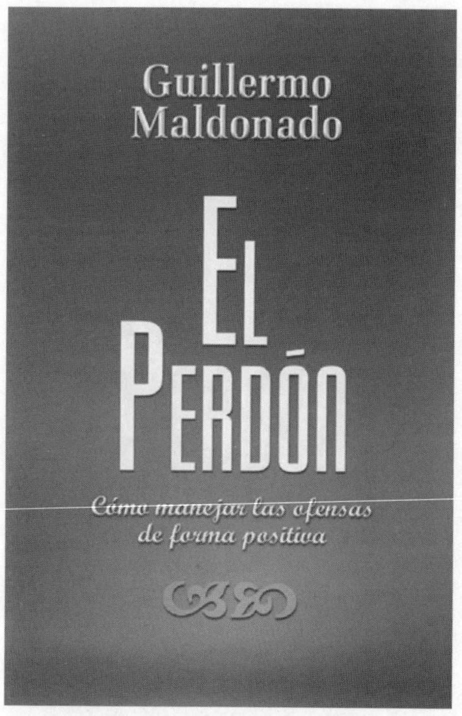

No hay persona que pueda escaparse de las ofensas, por lo que en algún momento de su vida, tendrá que enfrentarse con la decisión trascendental de perdonar o no. Si queremos experimentar vidas fructíferas, es mejor que tomemos este asunto más en serio, especialmente porque tiene consecuencias que marcarán nuestras vidas de forma profunda y definitiva, aquí y en la eternidad.

Por ser éste un tópico muy importante, es que se ha escrito este manual, que de una forma sencilla y clara, le permitirá conocer detalladamente cómo manejar las ofensas de forma positiva e incorporar el perdón como un estilo de vida.

Creo firmemente que, mediante el estudio profundo de este libro, el Espíritu Santo lo llevará a autoevaluarse y le permitirá detectar sus debilidades en esta área para que pueda mejorar. Es nuestra oración a Dios que usted sea bendecido y animado a practicarlo en su relación con las demás personas.

ISBN 1-59272-033-1

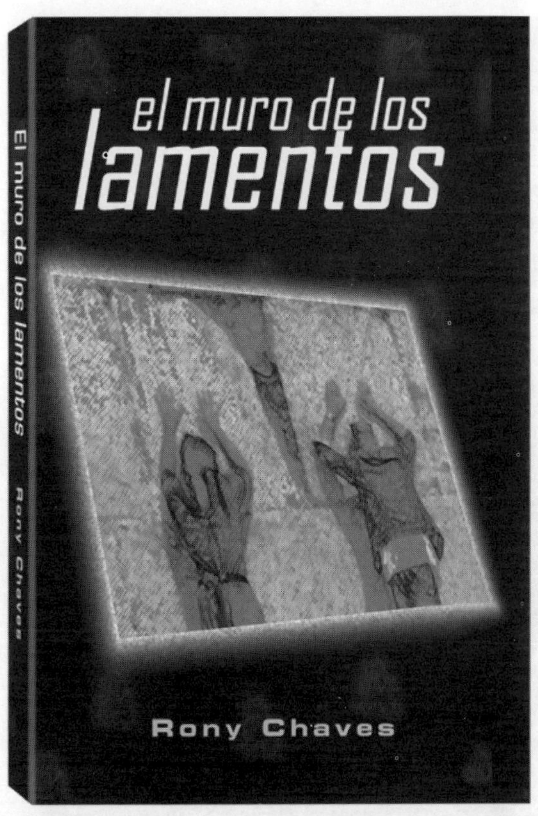

Lo que la Iglesia necesita saber hoy, es una serie de temas de gran envergadura profética, que Dios está revelando a su pueblo, preparándole para la "Segunda Venida y Manifestación en Gloria" de Jesucristo, el Eterno Redentor.

Uno de estos temas, saturados de un sencillo, pero alto contenido de revelación espiritual, es este tercer volumen: "El Muro de los Lamentos".

En este libro, se exponen bellos secretos del sacerdocio inmutable del cristianismo, para ministrar efectivamente a su Creador.

ISBN 1-59272-035-8

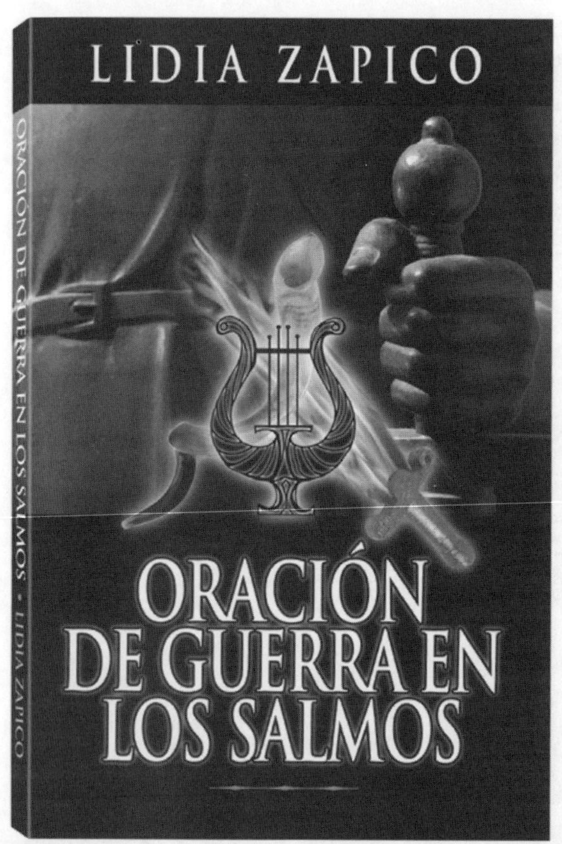

La lectura de este libro le irá revelando, claramente, las tres batallas por las cuales transita el alma; así, como también, a diferenciarlas para vivir por encima de las dificultades y salir siempre vencedor en cualquier problema; sea tanto físico, como mental o espiritual.

El propósito esencial de *Oración de Guerra en los Salmos* es que, cada lector, entienda que la palabra de Dios no fue escrita tan sólo para leerla, sino para establecerla a través de nuestro hablar; y para usarla como arma poderosa en la conquista de lo que habíamos creído perdido.

ISBN 1-59272-033-1